Horst Schneider

Das Gruselkabinett des Dr. Hubertus Knabe(lari)

Vorwort: Klaus Huhn

Redaktionsschluss: Juli 2005

Umschlag und Typografie besorgte Wiljo Heinen.

Preis: 5,10 €
SPOTLESS-Reihe Nr. 179
ISBN 3 - 937943 - 14 - 5

10131 Berlin - Postfach 02 88 30
www.spotless.de

Druck und Weiterverarbeitung:
Biznes Partner IBC Poland
Gesetzt aus der Linotype Avenir

VORWEG

Horst Schneider ist Historiker im Rang eines Professors und genießt auch bei politisch Andersdenkenden Ansehen. Er hat Berge von Dokumenten zum Thema »Gedenkstätten« im Allgemeinen und nun zu Hohenschönhausen im Besonderen erforscht und analysiert.

Ich, Klaus Huhn, bin von Hause aus Sportjournalist und zudem Autor von Büchern zu verschiedenen Sachthemen, die sich in ihrer Gesamtauflage der Zwei-Millionen-Grenze nähern.

Gemeinsam hatten Schneider und ich das Dauerthema »Kreuzzug gegen die DDR« gewählt, uns den brisanten Frontabschnitt »Stasi« ausgesucht, dort die Kampfzone »Gedenkstätten« gewählt und uns schließlich konkret für Hohenschönhausen entschieden.

Eine Entscheidung, die weder Glückwunschtelegramme verhieß noch Hoffnungen auf ein Bundesverdienstkreuz nährte, nicht einmal auf eine Kandidatur für die »Goldene Henne« hoffen ließ. Im Gegenteil: Wer sich für solche Themen entscheidet, hat mit Verdruss zu rechnen.

Es störte uns nicht. Wer gegen den Antikommunismus antritt, rechnet damit, und das seit Marx und Engels.

Der Professor besorgte die exzellente Analyse der Fakten, ich wuselte durch die Gegenwart. Eine Art »Aufklärer«.

Wodurch ich mich dafür empfahl?

Durch Geheimdienst-Erfahrung!

Die betreffende Akte wurde bislang nicht freigegeben. (Vermutlich, weil es sich um den Bundesnachrichtendienst der Bundesrepublik Deutschland handelt.)

Jüngeren und allen, die mit Vergesslichkeit Probleme haben, sei erläutert: 1956 fanden die Olympischen Sommerspiele im Herbst in Melbourne statt. Trotz aller Proteste und heftiger Gegenwehr musste die Bundesrepublik Deutschland damals die Entscheidung des Internationalen Olympischen Komitees hinnehmen und eine Mannschaft beider deutscher Staaten in Australien starten lassen. Damit – lernte ich damals – wurden Athleten der DDR über Nacht zum Ausspähungsobjekt für den BND. Um bei einem leicht verständlichen Beispiel zu bleiben: Wie schnell die Hürdensprinterin Gisela Birkemeyer-Köhler lief, konnten die Geheimdienstexperten in Pullach bei München jeder Zeitung entnehmen. Aber Geheimdienste führen keine Sportbestenlisten, sondern spüren menschlichen Unzulänglichkeiten nach. Zum Beispiel: War diese die DDR vertretende Gisela Birkemeyer-Köhler sexuell normal veranlagt, neigte sie zu Alkoholexzessen? (Beides sind mit Absicht gewählte abwegige Fragen für diesen konkreten Fall.) Denn schon damals – lernte ich – befasste sich der BRD-Geheimdienst mit der Frage, wie man DDR-Athleten bewegen könnte, zu verkünden, die »Freiheit« wählen zu wollen und deshalb die Seiten zu wechseln. Das Problem für die in Australien agierenden BRD-Geheimdienstler war damals: Sie wussten so gut wie nichts über die DDR-Athleten. Also suchten sie emsig einen Informanten (so etwas wie einen IM) und waren dabei nicht wählerisch, denn sie wählten mich.

Es geschah am Abend des 2. November 1956 – die Spiele wurden erst am 22. November eröffnet –

an der Bar des »Victoria-Clubs«, der vornehmlich von Deutsch-Australiern frequentiert wurde. Beauftragt mit der »Anwerbung« war eine Dame, die allerdings zumindest vom Äußeren her keine Agentenanwerber-Spitzenkraft zu sein schien. Sie zog sich mit mir in einen Nebenraum zurück und erläuterte mir detailliert, welche Informationen von mir erwartet würden. Auch dass derlei gut honoriert würde, erfuhr ich bei dieser Gelegenheit. Der Anwerbeversuch endete jedoch jäh, als sie aus ihrem Notizbuch die Frage nach meiner Arbeitsstelle ablas und ich wahrheitsgemäß »Redaktion ›Neues Deutschland‹« antwortete. Sie bat, spürbar irritiert, um eine kurze Pause und kehrte nie mehr zurück. Selbst wenn man sie hinterher gerügt haben sollte, weil sie sich über meinen Arbeitsplatz nicht vor der Kontaktaufnahme informiert hatte, dürfte sie einen Aktenvermerk angelegt haben, denn es war immerhin nicht auszuschließen, dass ich auf das Angebot zurückgekommen wäre und dann versichert hätte, Verrat zu begehen. Rein theoretisch.

Wie auch immer: Eine Akte müsste vorhanden sein und ich verweise auch seitdem gern darauf, dass ich mindestens eine knappe Stunde für einen Job beim BND in Aussicht genommen worden war. Man hatte mich für geeignet gehalten, Details über »menschliche Schwächen« der Gisela Birkemeyer-Köhler und anderer DDR-Athleten dem BRD-Geheimdienst zu liefern.

Nach 1990 prahlte einer der einschlägigen Journalisten, meine MfS-Akte gesehen zu haben und demzufolge auch zu wissen, dass ich BRD-Journalisten bei der Friedensfahrt »überwachte«. Als ich mühelos nachwies, dass ich in der DDR vornehmlich darüber gewacht hatte, ob die Westgäste ihre

Hotelrechnungen bezahlt hatten und bei dieser »Überwachung« einen Zechpreller vom Deutschlandfunk durch einen Brief an dessen Hauptbuchhalter zu nachträglicher Begleichung seiner stattlichen offenen Rechnung veranlasste, empfahl man dem »Aktenkenner«, künftig die Klappe zu halten.

Soviel zu meiner »Qualifikation« für dieses Thema: Ich bin kein ganz ahnungsloser Geheimdienstlaie. An die Seite Professor Schneiders geriet ich, als der ein von mir verlegtes und viel Staub aufwirbelndes Gedenkstätten-Nachschlagewerk um das Thema »Hohenschönhausen« zu erweitern empfahl.

Womit ich nie gerechnet hatte: Die Zusage, daran mitzuwirken, trug mir Aufsehen ein, mit dem ich in meinem Alter (unweit der achtzig) nie mehr gerechnet hatte. Ich sah mich eines Julimorgens 2005 riesengroß auf einem Bild in der »BZ«, die von sich behauptet, »Berlins größte Zeitung« zu sein. Zwar war ich auf dem Bild nur mühsam zu erkennen, aber das lag daran, dass es mit versteckter Kamera – die gesetzlich vorgeschriebene »BZ«-Hinweiszeile lautete dubios: »Foto: Privat« – aufgenommen worden war und damit die Geheimdienstumwelt der Situation nachdrücklich bekräftigte.

Der Reihe nach. Ich hatte mich als ins Auge gefasster Verleger dieses Taschenbuchs zusammen mit MfS-Ex-Obrigkeiten zu einer Führung durch die »Gedenkstätte Hohenschönhausen« an deren Pforten eingefunden.

Einige aus der Gruppe waren von der Gedenkstättenbelegschaft erkannt, aber natürlich nicht begrüßt worden.

Über Handys wurden die »Privat«-Fotografen alarmiert, vermutlich sogar im Hintergrund eine Krisensitzung abgehalten, denn der Beginn unserer

Führung, für die wir den ausgeschilderten Eintrittspreis – inklusive Rentnerermäßigung - entrichtet hatten, verzögerte sich »durch den Ausfall eines Führers« um zwölf Minuten.

Zwanzig Tage lang wurde dann wohl hinter den Kulissen gegrübelt, welche Folgen dieser Besuch zeitigen könnte, weitere neun vergingen, ehe man sich zu einer »Breitseite« entschloss: Die »BZ« erschien mit der ganzseitigen Fett-Schlagzeile: »Stasi-Schande!« und jenem schon erwähnten Gruppenbild mit mir, dem einst um Haaresbreite vom BND Angeworbenen. In meiner Hand konnte man sogar ein nicht sehr billiges Tonbandgerät erkennen, was immerhin den Beweis dafür liefern kann, dass ich jedes Wort der Führung mitschnitt. (Wenn die »BZ« den Gedenkstättenerklärer Röllig mit den Worten »Während des Rundgangs kamen von den Männern viele negative Kommentare. Sie runzelten die Stirn, rümpften verächtlich die Nasen und tuschelten untereinander« zitierte, muss das schlicht als Erfindung bezeichnet werden, denn kein Wort der Führung überraschte uns.)

Hier der aufgezeichnete O-Ton des Mario Röllig: »Die Aufständischen des 17. Juni schilderten uns, dass sie sich nach wenigen Tagen manchmal nicht mehr unterhalten konnten, ... nicht weil sie nicht durften, sondern weil der Sauerstoff langsam knapp wurde. Es war so, dass nach anderthalb, zwei Wochen bei vielen die Kleider und die Haare schimmelten, weil die Luftfeuchtigkeit in einer Zelle gerade im Winter durch das feuchte Mauerwerk und durch das Atmen so vieler Menschen in einer Zelle unerträglich wurde. ...

Hier in diesen Gefängnissen war es aber so geregelt, dass an die Wachmannschaften auch eine

Dienstanweisung ausgegeben wurde, Gefangene sollten sich durch Selbstmord nicht ihrer gerechten Strafe entziehen können. Deshalb hat man ... bis ´89 Gefangene in der Zelle ständig beobachtet. ...

Gefangene haben berichtet, gab es einen unter ihnen, der die Nerven blank hatte, der einfach sterben wollte, der wurde durch die Wärter rausgeholt, mit Spritzen ruhig gestellt und dann gefesselt wieder in so eine Zelle zurückgebracht. ...

In den ersten Jahren ... war es so, dass Gefangene eigene Kleidungsstücke zerreißen und als Toilettenpapier benutzen mussten. ...

Ein Häftling, der im Dezember ´88 in dieser Zelle war, berichtete, dass es so kalt war, dass er nach ein paar Tagen das Eis von der Wand schaben musste. ...

Wir wissen zum Beispiel auch von Untersuchungsgefangenen, die Erich Mielke als Vernehmer hatten, der hat mehr geschlagen als verhört. ...

Gefangene wurden im Winter in den kalten Zellen gefoltert, die auch mit einem Wasserschock geflutet wurden, ... von außen konnte reguliert werden, ob das Wasser anstieg oder abfloss. ...

Hier wurde ... eine sogenannte ... Wasserfolter eingebaut ..., ein Gestell aus Holzbalken, an das der Gefangene in gebeugter Haltung gebunden wurde. Aus einer oberen Schüssel traf ihn ein Wassertropfen. Nach einer Zeit, also Stunden, wirkte der Tropfen wie ein Hammer, wie ein Ziegelstein. ... Der Gefangene verliert das Bewusstsein. ... möchte ich noch sagen, dass wir bis heute keinen Zeitzeugen gefunden haben, der daran gefoltert wurde. ... Vielleicht, werten sie das als meine persönliche Meinung, hat man diese martialische Folter nicht überlebt. ...

Wenn wir über die Amerikaner in Guantanamo reden ..., müssen wir auch über die Dinge in China reden ... und über die Türkei ... möchte ich hier auch mal meine eigene Meinung sagen, dass die Türkei nicht in die EU aufgenommen werden sollte.«

Die Versuche, die Türkei in die EU aufzunehmen, wurden allerdings – das räume ich ein – nicht der »Stasi« angelastet.

Jedenfalls schlug ich nach diesem Rundgang in Anlehnung an den Gedenkstättenleiter Knabe dem Professor Schneider als Titel für unsere Arbeit vor: »Das Gruselkabinett des Dr. Hubertus Knabe(lari)«.

Zugegeben: Der 1997 von dem Schauspieler Friedrich von Thun als Filmfigur erfundene Professor Capellari hat nichts aufzuweisen, was sich mit unserem Anliegen in Verbindung bringen ließe. Thun könnte deswegen sogar mit übler Nachrede drohen, aber ich führe ins Feld: Auch die Gedenkstättenlegende von Hohenschönhausen hat so wenig mit der Wahrheit zu tun wie der Münchener Amateurkriminologe mit den Realitäten des von ihm gern frequentierten Starnberger Sees!

Das müsste bewiesen werden? Professor Schneider tut es mit seinen Dokumenten überzeugend und die Zitate von Mario Röllig erhärten die Behauptung hinlänglich.

Bliebe noch die Verwendung der Vokabel »Gruselkabinett«...

Das »offizielle« Berliner Gruselkabinett ist in einem alten Bunker am Anhalter Bahnhof zu finden. Die Gesellschaft, die es betreibt, führt im Firmennamen den Begriff »Entertainment«, also »Unterhaltung«. Der Werbetext lautet: »Ein Spaziergang des Schreckens mit Action, unheimlich lebendigen Szenen, gruseliges Labyrinth, duster, miefig...«

Ein Schüler der Heinrich-Böll-Oberschule in Berlin-Spandau schrieb am 3. Juni 2005 nach dem Besuch dort: »Man sollte wirklich nur hingehen, wenn man starke Nerven hat...«

Gleiches gilt für das Gruselkabinett in Hohenschönhausen, das sich von dem am Anhalter Bahnhof jedoch dadurch unterscheidet, dass es sich nicht als »Gruselkabinett« mit dem Ziel der »Unterhaltung« empfiehlt, sondern als angebliches Original-Rudiment aus DDR-Zeiten gezeigt wird. Hier wird Delegitimierung der DDR pur geboten und nebenbei ein wenig marktwirtschaftlich genutzt: Tourismusunternehmen oder ihre Kunden kassieren »Fördermittel«, wenn sie die »Gedenkstätte« ins Programm der Berlin-Besuche aufnehmen. Die Folge: Frühmorgens parken die ersten Reisebusse ein. Für 2004 wurden 128.000 Besucher angegeben, darunter mehr als 55.000 junge Leute, davon etwa 40.000 Schüler. Ich las den Bericht einer Abiturklasse aus Berchtesgaden – die Stadt verlor ihre Bewerbung um die Olympischen Winterspiele bekanntlich, weil kaum jemand bereit war, in Hitlers früherer Residenz Olympia zu feiern –, die von dem Rundgang durch das »Gruselkabinett des Dr. Hubertus Knabe(lari)« schockiert war und die DDR bis an ihr Lebensende nach diesem Erlebnis als »Unrechtsstaat« ausgeben wird. (Tenor: »Ich habe die Folterzellen gesehen...«)

Die Wahrheit ist: Von 1945 bis 1951 unterstand die Haftanstalt in Hohenschönhausen dem Kreml. Fragen, Vorwürfe oder Anklagen zu diesem Zeitraum wären also an den im Kreml residierenden Herrn Putin zu richten, von dem man weiß, dass er beim sowjetischen Geheimdienst tätig war und dort auch perfekt Deutsch sprechen lernte.

Die »Gestalter« der Gedenkstätte aber hatten nichts mit beweisbarer Geschichte im Sinn und »transferierten« die »rekonstruierten« Uraltanlagen schlankweg in die MfS-Ära.

Unser Besuch muss die »Gedenkstätten«-Obrigkeit jedenfalls beträchtlich verunsichert haben. Die als Medien-Flankenschutz zu Hilfe gerufene »BZ« zitierte als Häftlings-Kronzeugen den Gedenkstätten-Angestellten Hartmut R., der angeblich über den Besuch empört war. Zunächst jedoch hatte der sich neugierig zu unserer Gruppe gesellt – 30 Zentimeter Luftlinie von mir – und sich als »Mithörer« versucht, was schon deshalb ziemlich aussichtslos war, weil die Gruppe kaum ein Wort verlor.

Als zweiter »BZ«-Kronzeuge wurde ein Hans-Eberhard Z. aufgeboten: »1953 musste ich 72 Stunden in der 20 mal 50 Zentimeter-Zelle stehen.« Jeder Medizinstudent hätte den »BZ«-Autor Tomas Kittan aufklären können: Eine Zelle der angegebenen Größe enthielte maximal 19 Liter Sauerstoff, die höchstens zwei Stunden zum Überleben gereicht hätten. Zwei von angeblichen 72!

Es ist hinlänglich bekannt, dass der Rechtsstaat BRD nach 1990 – assistiert von der »Zentralen Erfassungsstelle für DDR-Unrecht« in Salzgitter, die über Jahrzehnte auch ehemalige Häftlinge befragt hatte – alle Vorwürfe gegen DDR-Strafvollzugsbeamte juristisch verfolgte. Nirgendwo in der »Gedenkstätte« sind indes die Ablichtungen rechtskräftiger diesbezüglicher Urteile einzusehen – es gab keine!

Die Kulturstaatsministerin Christina Weiss offenbarte am 5. November 2004 bei einem Besuch des Depots des Deutschen Historischen Museums in Berlin-Spandau das Motiv für diese hemmungslosen Geschichtsfälschungen: »Gerade in Zeiten gut gepflegter Nostalgie und einer immer unbekümmerteren Rückschau auf die vermeintliche Geborgenheit in der DDR leuchten die Geschichtsmuseen die verriegelte Gesellschaft aus ..., so die Gedenkstätte im ehemaligen Stasi-Untersuchungsgefängnis Hohenschönhausen....«

Der Berliner Senat, der jeden Morgen bei Banken Kredite aufnimmt, um die am Abend fälligen Schuldenzinsen begleichen zu können, fand in seinen leeren Kassen immerhin 19 Millionen Euro für die weitere Ausstattung Hohenschönhausens.

Aber das alles belegt Professor Schneider viel überzeugender...

Klaus Huhn

»Ihr sollt nicht ungleich handeln im Gericht, mit der Elle, mit Gewicht, mit Maß«

(3. Buch Mose 19.35)

Richard von Weizsäcker über demokratische Spielregeln:

»Für den Sieger in einem demokratischen Kampf ist die Einsicht maßgeblich, dass mit seinem Sieg nicht seine Wahrheit besiegelt wird, sondern dass er den Auftrag hat, sich dem Test der praktischen Bewährung zu stellen. Dem muss die Einsicht des Verlierers entsprechen, dass nicht seine Wahrheit widerlegt ist, sondern zunächst einmal die Demokratie gesiegt hat. Er behält die Chance, für seine Vorstellung aufs Neue zu kämpfen. Wie das Mandat zur Macht nur auf Zeit gegeben ist, so wird es prinzipiell auch nur auf Zeit entzogen. Das sind die Spielregeln. Sie sollten uns davor bewahren, den Kampf um die Macht bis aufs Messer zu führen. Es geht nicht um Glaubenskriege im Namen ewiger Wahrheiten, die freilich auch nie durch Gewaltanwendung überzeugender geworden sind.

Wenn wir die Spielregeln beachten, bekräftigen wir die Glaubhaftigkeit des demokratischen Systems.«

(Bulletin, Presse- und Informationsamt der Bundesregierung, Bonn, 1987/118, 10. 11. 1987, S. 1015)

Bundespräsident Köhler über demokratische Streitkultur heute:

»Ich unterscheide zwischen Streit, der bloß für die Kulisse aufgeführt wird, und Streit in der Sache. Die Kontroverse gehört zur Demokratie wie das Salz zur Suppe. Der demokratisch ausgetragene Streit ist der beste Weg zu Erfahrung und Fortschritt....

Unsere Streitkultur ist laut geworden – aber auch sehr flach.... Ohne Streit auszukommen ist zu viel verlangt. Eine grundlegende Umwälzung wie jetzt kann doch nicht ohne Streit gelingen.... Mut wird selten honoriert.... Ich habe Respekt vor den Menschen in den neuen Ländern, Achtung vor ihren Lebensumständen, vor ihrer Anstrengung und vor ihrer Leistung. Daran fehlt es manchmal.«

(Focus, 13. 9. 2004, Seite 22)

Der nationalkonservative Historiker Arnulf Baring über die Bewältigung der faschistischen Vergangenheit:

»Ich möchte keinen Augenblick Gefahr laufen, das Desaster jener zwölf Jahre und die moralische Diskreditierung, die mit uns sein wird, in Vergessenheit geraten zu lassen. Aber dass die Hitlerphase so ausschließlich das Bild Deutschlands bestimmt, ist meiner Ansicht nach falsch. Man muss mit Untaten der Vergangenheit leben lernen. Man muss sie ohne Beschönigung, aber mit Augenmaß einordnen in die Zeiten davor und danach. Das nimmt dem Nationalsozialismus nichts von seinem Schrecken. Er war die größte Katastrophe unserer langen Geschichte. Aber er ist nicht unsere ganze

Geschichte, kann nicht allein unsere Selbstdeutung abgeben.«

(Arnulf Baring: Es lebe die Republik, Die Welt, 9. 12. 2004)

Wenn unsereiner, Jahrgang 1927, »Holt-Generation«, der den Faschismus, den Krieg und auch das als »Goldene Meile« bekannte, am Rhein gelegene US-Gefangenenlager mit Glück überlebt und von 1945 bis 1990 bewusst, überzeugt und aktiv für die antikapitalistische Alternative in der DDR gewirkt hat, sich zum Thema »Hohenschönhausen« äußert, muss er zunächst einige Geßler-Hüte grüßen. Das hielt selbst Günter Gaus für nötig, als er am 2. Februar 1992 seine »Dresdner Rede« hielt:

»Mächtige Hüte sind im vereinigten Deutschland aufgestellt. Man mag nicht glauben, dass Hüte mächtig sein können, aber diese sind es. Sie sind nicht kleidsam noch wärmend, nicht praktisch noch witzig. Ihre Macht allein ist Schmuck genug. Wie Wegweiser stehen sie auf hohen Stecken im Land. Man tut gut daran, sie zu grüßen: Demütig würde als übertrieben gelten, aber respektvoll sollte der Gruß schon sein. Keinesfalls kann man zur Sache kommen – hier also auf einige Teilaspekte der derzeitigen geistigen und seelischen Verfassung der Deutschen und der gegenwärtigen Beschaffenheit ihrer Gesellschaft, wie ich sie zu erkennen meine –, bevor den Hüten nicht der Achtungstribut gezollt worden ist. Würde man ihn verweigern, so wäre man alsbald in Unterstellungen verstrickt, denen zu entkommen alle Kraft verbrauchte: bis zum Verstummen hin. Also grüßt man besser: vorbeugend, klüglich, gelehrig. Hat man erst oft genug gegrüßt, so winkt manchen Grüßenden eine Prämie: Sie sehen schließlich die Macht der Hüte als die rechtmäßige und einzig wahre an. Friede dann der Asche ihrer Freiheit. So wird es mit mir hoffentlich nicht enden. Aber anpassen will ich mich immerhin dem deutschen Gruß unserer Tage.«[1]

Unter den Geßler-Hüten, die Günter Gaus damals grüßte, befand sich Hohenschönhausen (noch) nicht. Aber er hatte ja Lücken bei der Aufzählung für möglich gehalten: »Habe ich einen Hut der Art, die nach dem schweizerischen Landvogt Geßler benannt worden ist, übersehen? Er sei gegrüßt.«

Es sei also zunächst zugegeben: In der DDR gab es Strafanstalten, Untersuchungshaftanstalten, Gefangene, Untersuchungshäftlinge, Justiz und Justizirrtümer. In dieser Arbeit wird es um das Untersuchungsgefängnis des MfS in Hohenschönhausen gehen. Es werden keine neuen Forschungsergebnisse angeboten. Vieles, was zum Thema zu sagen ist, haben Wissende und Befugte in »Die Sicherheit. Zur Abwehrarbeit des MfS« (edition ost, Berlin 2002)[2] gesagt. Dort ist auch die Widerlegung der mehr als ein Dutzend Lügen zu finden, die inzwischen wie ein unheilbarer Krebs in den Medien Metastasen zur Folge haben, und eben um die Wirkung der Lügen geht es.

Das meint anscheinend auch Hubertus Knabe, wenn er im Vorwort zu seinem Buch über den 8. Mai 1945 erklärt, dass er anstrebt, »diese (seine, *Anm. d. A.*) Erkenntnisse auch im öffentlichen Bewusstsein zu verankern«.

Einer unseres Alters und unserer Biographie wird unvermeidlich an die Nazi-Ausstellung »Das Sowjetparadies« und den Harlan-Film »Jud Süß« erinnert, mit denen Millionen bestimmte »Erkenntnisse« beigebracht wurden. Damals ging es – nach den Worten Hitlers in dessen letztem Tagesbefehl vom 15. April 1945 – darum, den »letzten Ansturm Asiens, des jüdisch-bolschewistischen Todfeindes« abzuwehren.

Das »rote Gespenst« wurde bis 1990 in Gestalt der DDR zeitweilig Realität in der deutschen Geschichte und die – positive wie negative – Wirkung ihrer Existenz ist aus der Erinnerung nicht mehr zu tilgen. Setzt Knabe nun unter den neuen Bedingungen den Kampf gegen das »Gespenst des Kommunismus« mit anderen Mitteln fort?

Falls er das »Manifest der Kommunistischen Partei« kennt, weiß er, dass Marx und Engels schon im ersten Satz vom »Gespenst des Kommunismus« sprechen, gegen das eine »heilige Hetzjagd« im Gange sei.

Im »Zirkularbrief«, den Marx und Engels am 17./18. September 1879 an Bebel, Liebknecht, Bracke und andere schrieben, kennzeichneten sie die Funktion des Gespenstes: »Was aber ist das Geheimnis des roten Gespenstes, wenn nicht die Angst der Bourgeoisie vor dem unausbleiblichen Kampf auf Leben und Tod zwischen ihr und dem Proletariat? Die Angst vor der unabwendbaren Entscheidung des modernen Klassenkampfs?«

Könnte es sein, dass hier schon eine Erklärung für den Hass mancher auf die Machtorgane der DDR liegt?

Fakt ist:

Der Streit um den Umgang mit den Akten des Ministeriums für Staatssicherheit und die Gedenkstätten mit »doppelter Vergangenheit« vergiftet seit Jahren die politische Atmosphäre, spaltet die Deutschen, wirkt der Versöhnung entgegen und gibt den Rechtsextremisten und Neofaschisten Auftrieb.

Die Verleumdung der DDR und die Verteufelung der Staatssicherheit ist die Fortsetzung des Kalten Krieges gegen die Ideen des Sozialismus und des Friedens mit den raffinierten Mitteln der modernen psychologischen Kriegsführung. Dass und wie Publizisten und Journalisten an dieser »Meinungsmache« teilnehmen, hat Erich Schmidt-Eenboom im Oktober 2004 in seinem Buch »Geheimdienst. Politik und Medien« nachgewiesen. Er nennt Hubertus Knabe, den Direktor der Gedenkstätte Hohenschönhausen, einen »einäugigen Stasi-Jäger« (S. 205), der »fragwürdige Ableitungen aus den Stasi-Akten« vornimmt, statt »wissenschaftliche Recherchen« zu leisten.

Die »junge Welt« kommt bereits in einem Artikel vom 31. Januar 2001 zum Urteil:

»Hubertus Knabe – ein westdeutscher Schreibtischtäter.

Wenn Bürger der alten Bundesrepublik sich anmaßen, Bürgern der DDR zu erklären, wie sie ihre Geschichte zu interpretieren haben, gibt es meistens gute Gründe, sich über Arroganz und Kenntnislosigkeit entsprechender Machwerke aufzuregen.

Wenn aber Speerspitzen dieser Siegergeschichtsschreibung, wie der Historiker Hubertus Knabe, ihre reaktionäre Gülle in die Zeitungsspalten der Hauptstadtpresse gießen, kann man nur noch kotzen.

Knabe hatte bereits in seiner Zeit als leitender Mitarbeiter der Gauck-Behörde nie einen Zweifel daran gelassen, dass die faschistische Diktatur und der sozialistische Staat auf deutschem Boden höchstens temporäre Unterschiede aufwiesen.«

Solche Leute sind gefragt. Auch und gerade in der Welt der heutigen Medien.

Als Mitglied des »Veldensteiner Kreises« betätigt sich Hubertus Knabe aktiv im Sinne der sogenannten Totalitarismus-Forschung. Die Mitglieder dieses Kreises stehen im Ruf, dem konservativen bis ultrarechten Spektrum anzugehören und betätigen sich auch als Vordenker und Stichwortgeber der »Neuen Rechten«. Im Wintersemester 1999/2000 hielt Hubertus Knabe einen Vortrag vor den rechtskonservativen Burschenschaften in Köln, und als 2001 seine Berufung als Leiter der Gedenkstätte Hohenschönhausen zur Disposition stand, ergriffen die »Republikaner« Partei für ihn.

Wie nicht erst jüngsten Presseveröffentlichungen zu entnehmen ist, fühlt sich Dr. Knabe im Gestus eines Groß-Inquisitors berufen, personalpolitische Entscheidungen zu beurteilen, infrage zu stellen und deren Korrektur einzuklagen. Das reicht von Günter Wallraff über Peter Porsch bis zu einem ehemaligen »Stasi-Major«, der eine Anstellung bei der Berliner Charité erhalten hatte. Sogar der »Stasi«-Fabulierer der »Berliner Zeitung« Förster blieb unter Hinweis auf seine »Stasi-Vergangenheit« von ihm nicht verschont.

Dr. Volker Külow traf ins Schwarze, als er in einem Leserbrief an das »Neue Deutschland« am 6. Juni 2005 schrieb: »Wenn es stimmt, dass aller guten Dinge drei sind, dann ist die Einmischung des selbst ernannten Stasi-Jägers Hubertus Knabe, der als Großmeister des manipulativen Verdächtigungsjournalismus gilt, in den ›Fall‹ Porsch eigentlich ein gutes Omen. Der offiziell als wissenschaftlicher (?) Direktor der Gedenkstätte Berlin-

Hohenschönhausen im ehemaligen Zentralgefängnis der Staatssicherheit firmierende Historiker und langjährige Kostgänger der Gauck-Behörde erlitt bei seinen beiden letzten Denunziationen nämlich mächtig Schiffbruch. Zunächst wurden seine Beschuldigungen gegen Günter Wallraff wegen dessen angeblicher Stasimitarbeit im Herbst 2004 vor Gericht als haltlos zurückgewiesen. Das von ihm später mit gesteuerte Kesseltreiben gegen den ehemaligen Geschäftsführer der Leipziger Olympia-Bewerbung, Dirk Thärichen, endete inzwischen ebenfalls in der Sackgasse. Knabe, dem immer wieder unzureichende Quellenkritik vorgeworfen wird, sollte besser bei seinem Leisten bleiben und weiter geschichtsrevisionistische Schwarten, wie das unlängst erschienene Buch ›Tag der Befreiung?‹, abfassen.«

Manche Politiker – Richard von Weizsäcker, Willy Brandt, Egon Bahr und andere – machten schon frühzeitig auf die Folgen solchen Tuns aufmerksam.

Erstaunlich ist, dass auch Helmut Kohl, der als Kanzler die Richtlinienkompetenz für die Grundlinien deutscher Politik besaß und selbstherrlich ausübte, diese Gefahr sah. Er erklärte in der 53. Sitzung des Bundestages am 4. November 1993:

»Die Stasi-Akten sind insofern ein Ärgernis, das sage ich ganz offen, obwohl ich es, dem Rechtsstaat verpflichtet, nicht sagen dürfte, weil sie heute die ganze Atmosphäre vergiften und weil niemand genau weiß, was in dem Bericht Liebedienerei ist und was den Tatsachen entspricht. So kommt ein ganz übler Geruch hoch. Wir müssen sehr aufpassen, dass er unser Leben heute nicht vergiftet. Dies ist sozusagen meine Einlassung. Wenn ich völlig frei entscheiden könnte, wüsste ich, was mit den Akten geschehen müsste. Wir haben keine Freude daran, und Historiker werden später auch keine daran haben.« (Deutscher Bundestag. Protokolle, Bd. V/1, S. 928)

Dem wäre anzufügen: Im Reiche der Adenauer bis Kohl blieben die »Berge von Leichen«, die der Faschismus hinterließ, weitestgehend ungesühnt. Kein einziger Nazi-Blutrichter oder Hitlergeneral wurde von der Bonner Justiz rechtskräftig verurteilt. »Nürnberg« war für viele Politiker »Siegerjustiz«. Aber die »Akten«, die die DDR hinterließ, wurden zum wirksamen Gift für vielerlei Situationen und Funktionen.

Nun merkte das auch Kohl, wenngleich in erträglicher Dosis (die für viele tödlich war) an seinem eigenen Schicksal.

Ähnliches dürfte für Gedenkstätten, wie die in Hohenschönhausen, gelten. Der Hexenmeister ist nicht mehr Herr seiner Geschöpfe.

Wenn man die Explosion von Lagerberichten überblickt, entsteht die Frage: Wie tragen sie zum Finden der geschichtlichen Wahrheit, zur »Aufarbeitung« der Geschichte bei?

Erstaunlicherweise haben sich Schriftsteller viel eher den »Lagerthemen« gewidmet als Historiker. Erinnert sei an Solschenizyns »Archipel Gulag«, dessen Beschreibung den Grundtenor der meisten »Lagerberichte« dieser Tage wiedergibt. Auch das Schicksal unschuldig Eingesperrter wurde zum Beispiel in Hermann Kants »Der Aufenthalt« eindrucksvoll dargestellt – gegen den Protest mancher Stellen in Polen. Den Roman »Nackt unter Wölfen« von Bruno Apitz und den gleichnamigen Film kannte in der DDR (fast) jeder.

Jeder kann prüfen, dass in den letzten Jahren jedoch die offizielle »Lagerliteratur« sich einseitig auf die DDR bezog und Teil der Strategie in der Erinnerungspolitik à la Eppelmann ist. Zu den Funktionen dieser Art von Erinnerungspolitik gehören u. a., die DDR zu verteufeln, die Idee des Sozialismus zu diskreditieren und die »Abwicklung« der DDR-Elite zu rechtfertigen.

Die Berichte der Enquete-Kommission unter Eppelmann, die Buchproduktionen unter anderem des Hannah-Arendt-Instituts für Totalitarismusforschung in Dresden, die Konzeption der »zwei Diktaturen« in Deutschland und zahllose »Dokumentationen« widerspiegeln diese Strategie. Peter Erler, der wie Hubertus Knabe sich auf die »Lubjanka des Kommunismus« spezialisiert hat, behauptet (Deutschland Archiv, 2/2005, S. 250), dass die »Gefängnisgeschichte« als eigenständiger Zweig der historischen Wissenschaft noch am Anfang steht. Das stimmt nur bedingt.

Für Haftanstalten in der DDR und sowjetische Speziallager gibt es eine Literatur, die kaum noch zu überblicken ist: Münchner Platz Dresden, Bautzen, Halle, Buchenwald, Waldheim, Torgau sind nur der Beginn der Liste. Dort, wo scheinbar eine »doppelte Vergangenheit« zu konstruieren ist, wurde mit Ressourcen und Steuergeld nicht gespart. Jobs auf diesem Gebiet sind krisensicher.

Hubertus Knabe weiß um die »DDR-Lastigkeit« der »Gefängnisgeschichtsschreibung«. Er nennt in seinem Artikel »Die deutsche Lubjanka« (Deutschland Archiv, 1/2002, S. 74/75) in der Fußnote 1 mehr als ein Dutzend Titel, meist aus Sachsen, aber keinen Einzigen über eine Haftanstalt in der BRD. Ist

Knabe auf nur einem Auge blind oder ist die Literaturlage so? Wir werden darauf zurückkommen.

Das Buch »Zeitzeugen, inhaftiert in Berlin-Hohenschönhausen« enthält 16 Erlebnisberichte, einige Fotografien von Gebäuden und Zellen und eine Chronik.

Zwei Zeitzeugen waren wegen antisowjetischer Aktivitäten und Werwolf-Verdacht noch im Speziallager 3 inhaftiert. Von den übrigen 14 waren sieben wegen Spionage oder Sabotage, vier wegen ungesetzlichen Grenzübertritts, einer wegen staatsfeindlichen Menschenhandels, einer wegen Vergehens gegen Zoll- und Devisenbestimmungen, einer wegen staatsfeindlicher Tätigkeit in Hohenschönhausen in Untersuchungshaft, bis sie rechtskräftig verurteilt wurden. Keiner behauptet, »unschuldig« gewesen zu sein.

Zu prüfen wäre auch, ob die Delikte, wegen der die 16 »Zeitzeugen« inhaftiert waren, heute straffrei ausgehen würden. Das bundesdeutsche politische Strafrecht kennt sehr ähnliche und zum Teil schärfere Vorschriften.

Während nicht erkennbar ist, wann nach 1990 das Buch mit den Zeitzeugen-Berichten entstanden ist, erschien das Buch von Peter Erler und Hubertus Knabe »Der verbotene Stadtteil. Stasi-Sperrbezirk Berlin-Hohenschönhausen« erst 2005. Es ist von der »Stiftung Gedenkstätte Berlin-Hohenschönhausen« herausgegeben und vermutlich mit Steuergeldern finanziert worden.

Welche Funktion haben die Fotos? Da ist (S. 9) ein sowjetischer Panzer am 17. Juni 1953 in der Friedrichstraße abgebildet. Gehörte sie zur »verbotenen Stadt«? Da sieht der Betrachter (S. 11) den Grenzübergang an der Chausseestraße. Na und?

Ein Wärter blickt (S. 12) in eine Zelle. Geschieht das nicht überall in der Welt in Gefängnissen? Und da ist ein Funkaufklärer (S. 13) abgebildet. Hat die Telefonüberwachung 1990 aufgehört? Gab es Abhörsysteme nur in westlicher Richtung?

Die »Forschungen« und »Dokumentationen« über Hohenschönhausen führten inzwischen zu sprachlichen Klischees, die sich bei Hubertus Knabe und Peter Erler in den Bildern »deutsche Lubjanka« und »Dachau des Kommunismus« verdichten.

Die Funktion der Assoziation ist unzweideutig, und es ist unvermeidlich, darauf zurückzukommen. Aber schon jetzt muss die Frage gestellt werden: Warum löste es in den Medien einen Sturm aus, als ein NPD-Abgeordneter im sächsischen Landtag am 21. Januar 2005 vom »Bomben-Holocaust« sprach, und warum werden die Metaphern für Hohenschönhausen gehorsamst verbreitet?

Wir werden versuchen, im Laufe unserer Überlegungen Antworten zu finden.

Diese Arbeit setzt sich zum Ziel, einen kleinen Beitrag dazu zu leisten, die staatlich verordnete, den Steuerzahler belastende und vielen Menschen schadende Geschichtsklitterung zurückzuweisen. Sie steht damit aus meiner Sicht in direkter Fortsetzung meines im Spotless-Verlag 2005 herausgegebenen Taschenbuchs »›Erinnerungsschlacht‹ ohne Ende. Anmerkungen zum Streit um die aktuelle deutsche Gedenkstättenpolitik«[3].

Beide Publikationen wären nicht möglich gewesen, wenn ich nicht Anregungen, Zuarbeiten und kritische Hinweise von denen erhalten hätte, die für den Schutz des Friedens und der Sicherheit der DDR-Bürger gewirkt haben und nach 1990 aus durchsichtigen Gründen als Hauptziel den

Verleumdungen und Demütigungen durch »Brüder und Schwestern« im vereinten Deutschland ausgesetzt waren und sind.

Mein besonderer Dank gilt deshalb der »Gesellschaft zur rechtlichen und humanitären Unterstützung e.V.« (GRH)[4]. Jeder, dem Recht und Moral etwas gelten, müsste helfen, dem Verleumdungsfeldzug gegen die »Stasi« entgegenzutreten. »Die Rache ist keine Zierde für eine große Seele« (Gotthold Ephraim Lessing).

---

1. Napoleon hat gesagt: »Das objektive Bild der Geschichte ist immer die Summe der Lügen, auf die man sich nach 30 Jahren geeinigt hat.«[5]

Das Projekt Gedenkstätte Hohenschönhausen als Teil neudeutscher Gedenkstätten(un)kultur

Das Zitat hat seine Tücken. Ob sich aus der Summe der Lügen ein objektives Bild der Geschichte ergeben kann, darf bezweifelt werden. Zu fragen wäre auch: Wer »einigt« sich denn auf ein Geschichtsbild – auf welches und warum? Konservative Historiker plaudern das mitunter aus. In dem Buch »Geschichtsbilder«, das 2003 im Auftrag der Adenauer-Stiftung erschien, schrieb Jörg-Dieter Gauger:

»Vom öffentlichen Gebrauch der Geschichte. Geschichte als Instrument« (gemeint ist das Geschichtsbild, Anm.d.A.): »Mit Geschichte lassen sich

Skandale kreieren, die Welt in ›anständig‹ und ›unanständig‹ aufteilen, in ›gut‹ und ›böse‹, lassen sich Debatten inszenieren, die über Wochen die Feuilletons beschäftigen und mediale Präsenz ermöglichen. Mit Geschichte lässt sich von den ›harten‹ Problemen, die Detail und Umsetzung erfordern, ablenken zugunsten geistesgeschichtlicher Großwetterlage, in die man Zeitdiagnostisches nach Belieben einspeisen kann. Denn ihr Potential ist für alles gut: für das falsche Zitat, die unzutreffende Parallele, für das gewollte Missverstehen, den übertriebenen Vergleich, für vermeintliche Ursachen und unterstellte Wirkung, für Ästhetik und Moral, für Vorbild, negativ oder positiv, für die Sehnsucht nach historischer ›Verortung‹ angesichts zunehmender Innovationsdynamik, gar nach ›Identität‹. …

Nicht der Vergleich selbst ist bedeutsam, bedeutsam ist die bildungsbürgerliche Pose, noch vergleichen zu können.

Politische Wirkung gewinnen Vergleiche, Akzente, Bewertung von Abläufen oder Beurteilungen von Personen erst wirklich, wenn sie sich zu zeithistorischen Geschichtsbildern verdichten.«[6]

Im selben Buch müht sich Gerhard Besier, der jetzige Chef des Hannah-Arendt-Instituts in Dresden, das politische Erbe Willy Brandts zu verteufeln.[7]

Goethe kam einer Antwort auf die Frage, wie ein einheitliches Geschichtsbild entsteht, näher: »Was ihr den Geist der Zeiten heißt, das ist im Grund der Herren eigner Geist.«

Der »Zeitgeist« entsteht nicht spontan, auch nicht im »freien Spiel der Kräfte« pluralistischer Anschauungen. Wer die Augen nicht absichtlich verschließt, kann am Beispiel der deutschen Gedenkstättenpolitik unschwer den staatlichen Befehl für Ziel und

Richtung der »Aufarbeitung« der Geschichte und die honorierte und jobsichernde Tätigkeit »williger Helfer« verfolgen.

Die Gedenkstätte Hohenschönhausen ist Teil jener Gedenkstätten, die nach 1990 von den »Siegern der Geschichte« und ihren »willigen Helfern« installiert worden sind, um an das »SED-Unrecht« zu erinnern[8] und nach dem Befehl Klaus Kinkels an die Richter dazu beizutragen, die DDR als »Unrechtsstaat« zu verteufeln.[9]

Bei der Erfüllung dieser Aufgabe wirken die Eppelmänner, Gauckianer, Medien-Leute und diverse Einrichtungen, von Geld gebenden Konzernen, die sich damit auch von ihrer Schuld in der Zeit des Faschismus (Geldgeber für Hitler und seine Nazis, Gewinne und Profite aus »Arisierungen«, Rüstungsproduktion und Krieg, Ausbeutung von KZ-Häftlingen und Zwangsarbeitern und vieles andere mehr) freizukaufen gedenken, über verschiedene öffentliche und private Stiftungen (auch bestimmter Parteien) bis hin zu Geschichtskommissionen und Forschungseinrichtungen, wie der Forschungsverbund SED-Staat an der Freien Universität Berlin und insbesondere das Hannah-Arendt-Institut für Totalitarismus-Forschung in Dresden, arbeitsteilig zusammen. Mit der vordergründig auf die Delegitimierung der DDR und die Diffamierung jeglicher sozialistischer Ideen gerichteten »Erinnerungskultur« und des dafür genutzten Begriffsapparates erfolgt parallel dazu eine zunehmende Verharmlosung des Nazi-Regimes und seiner Verbrechen, zum Beispiel auch durch die von den Nazis selbst erfundene Bezeichnung ihrer faschistischen Diktatur als Nationalsozialismus.

Bestimmte konservative Kreise drängen gegenwärtig verstärkt darauf, das sächsische Gedenkstättengesetz auf die Bundesebene zu heben (und in das Strasbourger Parlament zu bringen). Damit soll die Totalitarismus-Doktrin zur Grundlage und zum Kernpunkt jeder Wertung der jüngsten Geschichte werden. Dazu habe ich im Mai 2004 im Spotless-Taschenbuch mit dem Titel »Das Hannah-Arendt-Institut im Widerstreit politischer Interessen« und im Mai 2005 im Spotless-Taschenbuch »›Erinnerungsschlacht‹ ohne Ende« ausführlich geschrieben. Diese Taschenbücher sind jedem zu empfehlen, der gegen die unseligen Lügenfeldzüge auftritt und nach eigenen Antworten jenseits des »Zeitgeistes« sucht.

Vielleicht hilft da auch Professor Dr. Faulenbach, Vorsitzender der Geschichtskommission der SPD, der am 18. Mai 1996 in Bautzen definierte, was Gedenkstätten sollen:

1. Sie sollen das Gedenken an die Opfer ermöglichen, dazu beitragen, dass sie im kollektiven Gedächtnis bewahrt werden.
2. Sie haben die Aufgabe, über die Vergangenheit aufzuklären, insbesondere über das Geschehen an dem jeweiligen Ort, doch auch über dessen Kontexte.
3. Sie haben die Auseinandersetzung mit den Voraussetzungen, Implikationen und Konsequenzen der Verbrechen zu fördern, insbesondere auch im Hinblick auf die Gegenwart.
4. Sie haben die Sensibilität für die Bedeutung der Menschen- und Bürgerrechte heute und morgen zu stärken.[10]

Faulenbach hatte auch die Ehre, für das schon genannte Buch »Orte des Erinnerns« den grundlegenden Beitrag »Diktaturerfahrungen und demokratische Erinnerungskultur in Deutschland« zu schreiben.[11]

Einer Passage darf wohl jeder Leser zustimmen: »Und die Gestaltung dieser Vorstellungen über die Vergangenheit ist nach wie vor umstritten. Was und wie erinnert wird, ist von erheblicher Bedeutung für die Orientierung in der Gegenwart.«[12]

Und wohl auch für die Zukunft. Warum wohl werden massenhaft Kinder, Jugendliche und Jungerwachsene mit Bussen herangekarrt? Ihnen soll doch hauptsächlich vor Augen geführt werden, zu welchen »Verbrechen« die Kommunisten fähig seien, damit die jungen Leute künftig gar nicht erst auf die Idee kommen, einen neuen Versuch in Richtung Sozialismus zu wagen.

Versuchen wir am Beispiel der Gedenkstätte Hohenschönhausen zu prüfen, was aus den hehren Prinzipien Prof. Dr. Faulenbachs geworden ist.

Laut »Orte des Erinnerns«[13] sei die Gedenkstätte in Hohenschönhausen, die jetzt von Dr. Hubertus Knabe geleitet wird, »wie kaum ein anderer Ort in Deutschland mit der 45-jährigen Geschichte politischer Verfolgung in der sowjetischen Besatzungszone (SBZ) und der DDR verknüpft«.

Dementsprechend befindet sich auf dem Innenhof der Gedenkstätte ein Gedenkstein mit der Inschrift »Den Opfern / Kommunistischer / Gewaltherrschaft / 1945-1989.«

Am Eingang der Gedenkstätte befindet sich eine Tafel, die an die Geschichte der Untersuchungshaftanstalt erinnert und mit dem Satz endet: »Als Ort des Leidens und Sterbens verfolgter Menschen ist die GEDENKSTÄTTE HOHENSCHÖNHAUSEN ein

Zeugnis und Mahnmal gegen politische Unterdrückung«.

Nicht nur die Inschrift muss Anstoß sein, eine kurze Geschichte des Gebäudes und seiner Funktion einzufügen.[14]

In den zwanziger Jahren errichtete der Fabrikant Richard Heike auf dem Gelände Genslerstraße 66–72 eine Kesselschmiede und eine Fleischwarenfabrik. 1938 verkaufte Heike ein Gebäude an die NSDAP, die es zu einer Großküche der Nationalsozialistischen Volkswohlfahrt (NSV) umbaute.

Weitere Teile des Geländes verpachtete Heike an andere Betriebe. Auf dem von der Firma ASID Serumwerke gepachteten Gelände wurden in der NS-Zeit Baracken für osteuropäische Zwangsarbeiter errichtet. Die Anzahl der Zwangsarbeiter, ihre Schicksale und die Zahl der Toten konnten bisher noch nicht ermittelt werden. Das als »Russenlager« bezeichnete Gelände stand angeblich nach Erkenntnissen des Historikers Thomas Friedrich in »keiner Beziehung zu der NSV-Küche«.[15]

Der Schrift »Der illegale Kampf der KPD 1933–1945 in Berlin-Weißensee« ist jedoch zu entnehmen (S. 59):

»Der Häftling des ›Arbeitslagers Wuhlheide‹ Erich Jamin, später Oberst des MfS, wurde nach Verbüßung sechsjähriger Zuchthaushaft dorthin verlagert. Die Insassen waren vorwiegend ›Ostarbeiter und jüdische Zwangshäftlinge‹. Sie wurden u. a. in ein Arbeitskommando in der Freienwalder Straße an der Industriebahn aufgeteilt. Anwohner, wie Sophie Stier und Frau Strehlow, unterstützten die ausgemergelten Häftlinge mit Esswaren. Im Hauptlager wurden täglich durchschnittlich 10-15 Tote registriert. Das Lager war mit einem Drahtzaun umgeben und lag unmittelbar vor dem Gelände der NSV-Großküche.«

Nach dem Zweiten Weltkrieg richteten sowjetische Organe das Gebäude zunächst als Internierungslager (Speziallager Nr. 3) und danach bis 1950 als Untersuchungshaftanstalt ein.

Von 1951 bis 1989 diente der Gebäudekomplex als Untersuchungshaftanstalt (UHA) des Ministeriums für Staatssicherheit der DDR. Zwischen 1958 und 1961 erfolgte der Neubau einer Untersuchungshaftanstalt, die dem internationalen Standard entsprach. ...

Die Einmaligkeit Hohenschönhausens bestand lediglich darin, dass diese UHA der Zentrale des MfS – verglichen mit solchen in bürgerlichen Staaten – eine außerordentlich geringe Kapazität besaß. Das entsprach dem niedrigen Anteil der vom MfS aufzuklärenden Straftaten im Vergleich zur Gesamtkriminalität in der DDR (es waren um die 5%), die ihrerseits nur ein Zehntel des Umfangs der Straftaten in der alten BRD ausmachte.

Wie auch in anderen Strafanstalten üblich, gehörten zur Untersuchungshaftanstalt Werkstätten und Produktionseinrichtungen. Die Arbeitskommandos bestanden nicht aus Untersuchungshäftlingen, sondern aus Strafgefangenen anderer Haftanstalten, die dem Strafvollzug des Ministeriums des Innern unterstanden.

Nach 1990 schien es Politikern und Publizisten der BRD, unterstützt von willigen Historikern und Dissidenten, nötig, nützlich und möglich zu sein, Haftanstalten in der DDR in »Orte des Grauens« zu verwandeln, um die DDR zu verteufeln.

Haftanstalten mit »doppelter Vergangenheit« – Bautzen, Torgau, Münchner Platz in Dresden – und

MfS-Einrichtungen schienen besonders geeignet zu sein.[16]

Unmittelbar vor der »Wende« gab es die ersten Bestrebungen, auch durch den Kurt-Schumacher-Kreis, ein Denkmal in Hohenschönhausen und ein Informations- und Dokumentationszentrum zu errichten. Diese Aktivitäten erklärten sich daraus, dass Leute des »Ostbüros der SPD« inhaftiert gewesen waren, die sich nun in »Opfer des Stalinismus« verwandelten. Darauf wird später zurückzukommen sein.

Der Stein war 1990 ins Rollen gekommen. Gedenkstättenfragen, auch im Hinblick auf Hohenschönhausen, standen mehrfach auf der Tagesordnung des Bundestages wie auch in den Beratungen der beiden Enquete-Kommissionen, die der Pfarrer, Dissident, Abgeordnete und Ex-Verteidigungsminister Rainer Eppelmann leitete.[17]

Lutz Prieß resümierte:

»Es ist festzuhalten, dass zwischen 1990 und 1997 die Fragen zur Errichtung einer Gedenkstätte in Berlin-Hohenschönhausen auf mindestens vier Ebenen behandelt wurden:

1. in den Opferverbänden ehemaliger Häftlinge,
2. im Bezirk Berlin-Hohenschönhausen, hier vor allem im Bezirksamt und in der BVV, im Kulturausschuss,
3. in der Senatsverwaltung von Berlin, hier die Senatsverwaltung für Justiz bzw. Kultur sowie das Abgeordnetenhaus, Kulturausschuss,
4. auf der Ebene des Bundes, hier Ministerien des Innern bzw. der Finanzen und die Enquete-Kommissionen.«[18]

1995 schließlich gab sogar der Bundestag seinen Segen zum Abschlussbericht der Eppelmann-Kommission, in dem es ausdrücklich heißt:

»Zu einer Stätte des Gedenkens an die Opfer politischer Verfolgung von 1945 bis 1989, die von zentraler Bedeutung ist, sollte die frühere Zentrale Untersuchungshaftanstalt der sowjetischen und der DDR-Geheimpolizei in Berlin-Hohenschönhausen genutzt werden.«[19]

Die Umwandlung der Untersuchungshaftanstalt Hohenschönhausen in eine Gedenkstätte erfolgte seit 1991 in Etappen.

Im April 1993 wurde beschlossen, durch das Bezirksamt eine Konzeption erarbeiten zu lassen, die dem Senat vorzulegen war.

1994 begann die Arbeit an einem Konzept, an dem als Fachexperten Dr. Siegfried Suckut, Dr. Stefan Wolle und Prof. Dr. Winkler mitwirkten. Der Abschlussbericht der Fachkommission, die die »Konzeption für die Errichtung einer Gedenkstätte auf dem Gelände der ehemaligen Haftanstalt Hohenschönhausen« erarbeitet hatte, wurde am 17. Mai 1995 auf dem Gelände der ehemaligen Haftanstalt vorgetragen.

Folgen wir dem Bericht von Lutz Prieß:

»Zwischenzeitlich erhielt die ABS Brücke GmbH vom Bezirksamt Berlin-Hohenschönhausen auftragsweise die Verwaltung der ehemaligen UHA übertragen und organisierte fortan reguläre Führungen für Besucher und Interessenten. Bis Ende 1995 registrierte die ABS Brücke rund 10.000 Besucher.

Am 1. Dezember 1995 erfolgte die offizielle Gründung der ›Gedenkstätte Berlin-Hohenschönhausen‹ als Einrichtung von Bund und Land.

Als Leiterin der Gedenkstätte wurde die Historikerin Dr. Gabriele Camphausen eingeführt. Ein neuer Arbeitsausschuss erarbeitete einen Vorschlag für ein Nutzungs- und Gestaltungskonzept für die Gedenkstätte Berlin-Hohenschönhausen. Das Konzept stand am 4. September 1996 zur öffentlichen Diskussion.

Im März 1996 nahm in der Gedenkstätte Berlin-Hohenschönhausen ein ›Zeitzeugen-Büro‹ seine Tätigkeit auf. Diese Einrichtung sammelt persönliche Haftschicksale, um sie der Forschung und der Öffentlichkeit zur Verfügung zu stellen.«[20] Als »Zeitzeugen« gelten hier wie auch anderswo zeitgeistgemäß ausschließlich sogenannte Opfer, selbst, wenn sie als kriminelle Verbrecher gegen geltendes Recht der DDR oder Völkerrecht verstoßen haben. An der Sicht der anderen Seite – der Akteure aus der damaligen Zeit, die ja auch Zeitzeugen sind und zur Wahrheitsfindung einen sachkundigen und wesentlichen Beitrag leisten könnten – besteht allerdings kein Interesse, weil damit der Anspruch auf alleinige Deutungshoheit aufgegeben werden müsste.

Hier sind mindestens zwei Anmerkungen zwingend nötig:

Erstens würden unvoreingenommene Richter immer beide Seiten – Opfer und Täter, Ankläger und Angeklagte – hören müssen, wenn sie »unabhängig« Recht sprechen wollen. Und sie wissen um die Unschärfe und Fragwürdigkeit mancher Aussage, ja sogar manchen Geständnisses.[21]

Ein guter Richter wird also jede Aussage mehrfach genau überprüfen (und kann trotzdem noch irren). Trifft das nicht auch für Historiker zu?

Zweitens ist zu bedenken:

Durch den Einigungsvertrag wurden über Nacht »Opfer« geschaffen, indem Personen, die schwere Straftaten gegen die DDR begangen hatten, als unschuldig eine umgekehrte Qualität zuerkannt erhielten. Siebenstellige finanzielle und andere staatliche Unterstützungen beseitigten anfänglich noch vorhandene Gewissensbisse ehemaliger Straftäter, hatten aber auch wesentlichen Anteil an erfundenen Gruselgeschichten.

Wahrheit und Erfindung kranken bisher bedauerlicherweise an exakten Vergleichen mit staatlichen Dokumenten beider deutscher Staaten, die erst durch den Vergleich eine Annäherung an die Wahrheit ermöglichen würden.

Vereinfacht: Warum mutiert Spionage gegen die DDR nachträglich zur prämienträchtigen Heldentat, aber Spionage gegen die BRD noch nach 1990 zur verurteilenswerten Straftat? Waren nicht beide deutsche Staaten souverän und gleichberechtigt, hatten ihre spezifischen Gesetze? Gilt nicht das völker- und verfassungsrechtliche Rückwirkungsverbot?

2. *»Wo kämen wir hin in unserem Land, wenn eine kommunistische Vergangenheit zu einem unauslöschlichen und unaufhebbaren Stigma führen würde?«*

(Egon Bahr)[22]

PDS-Politiker in der selbst gestellten »Stalinismus«-Falle

Wenn die Untersuchungshaftanstalt Hohenschönhausen von bestimmten Leuten als »deutsche Lubjanka« etikettiert wird, soll automatisch eine Assoziation mit dem »Stalinismus« erfolgen, womit die negativen und verbrecherischen Aspekte Stalinscher Maßnahmen gemeint sind.[23]

Der Begriff »Lubjanka«, den Hubertus Knabe, Peter Erler und ihresgleichen verwenden, ist darauf angelegt, eine vermeintliche Kontinuität vom sowjetischen Geheimdienst unter Stalin – NKWD/KGB[24] – in der Moskauer Lubjanka mit der Untersuchungshaftanstalt in Hohenschönhausen zu assoziieren. Damit waren Begriffe wie »Unrechtsstaat DDR«, »Verbrechen« und »Opfer der SED-Diktatur« von vornherein begründet.

Außerdem wurde unterschwellig die Totalitarismus-Doktrin bedient, die die »Deutungshoheit« der Erinnerungskultur bestimmt, die mit der Formel »Rot = Braun« die faschistischen Verbrechen bagatellisiert und die DDR-Justiz verteufelt.

Diese Absicht und Tendenz arbeitet objektiv den Alt- und Neonazis in die Hände und richtet sich gegen den Antifaschismus. Es gab nach 1945 keinen »antitotalitären« und keinen »antistalinistischen«

Grundkonsens, weil die Sowjetunion Teil der Antihitlerkoalition war und die Kommunisten, ob in Frankreich, der Tschechoslowakei, Italien, Griechenland oder anderswo, ein entscheidender Faktor im Kampf um die Befreiung ihrer Länder von der faschistischen Okkupation waren.

Die Diskussion um den »Stalinismus« musste zwangsläufig auch den Streit um die Gedenkstätten für die »Opfer des Stalinismus« einschließen, der mit der Errichtung entsprechender Mahnmale oder der Entstehung neuer Erinnerungsstätten für die »Opfer des SED-Unrechtes« begann.[25]

Dieser Streit ist ein deutschlandweites Thema und hat auch den Bundestag, den sächsischen Landtag, den Berliner Senat und die existierenden 32 Opferverbände unterschiedlichster Gruppierungen erfasst.

Prof. Bernd Faulenbach hat diesen Streit und seine wesentlichen Aspekte nachgezeichnet.[26]

Gegenstand des Streites sind Mahnmale und Gedenkorte im Osten Deutschlands, die unter dem Begriff »Topographie des Terrors der SED-Diktatur« subsumiert werden.

Einen besonderen Platz nimmt hierbei der Standort Berlin-Hohenschönhausen ein, die ehemalige Zentrale Untersuchungshaftanstalt (UHA) des Ministeriums für Staatssicherheit (MfS) der DDR.

Obwohl die PDS überall direkt oder indirekt in den Streit einbezogen ist, erfolgt hier nur der Versuch, ihre Stellung zur Gedenkstätte Hohenschönhausen zu rekonstruieren.[27]

Bei der Haftanstalt Hohenschönhausen musste – ähnlich wie bei Bautzen II – zusätzlich zur allgemeinen Diskussion über den »Stalinismus« und die GULAGs die Haltung zum MfS eine Rolle spielen, das zu DDR-Zeiten »Schild und Schwert der Partei« war, also Schutzorgan der Arbeiter- und Bauern-Macht. Sollte die »SED-Nachfolgepartei«, wie bestimmte Kräfte diffamierend die PDS etikettieren, sich diesem Erbe stellen oder sich von ihm lossagen, in der Hoffnung, damit auch den Makel loszuwerden, »stalinistisch« zu sein?

Waren Inhaftierte und Verurteilte in Hohenschönhausen und anderswo nach Recht und Gesetz der DDR – in Übereinstimmung mit dem Völkerrecht – inhaftiert oder waren sie unschuldige Opfer?

Anfang der neunziger Jahre überwog an der Basis der PDS das Urteil, dass für Konterrevolutionäre, Agenten und Saboteure der Begriff »Opfer kommunistischer Gewaltherrschaft« nicht akzeptiert werden konnte.[28]

Natürlich spielte bei vielen PDS-Mitgliedern auch der Gesichtspunkt eine Rolle, dass mit der Entstehung und Gestaltung der Gedenkstätte Hohenschönhausen nicht nur eine moralische und politische Verurteilung der MfS-Mitarbeiter verbunden ist, sondern auch die berufliche und soziale Ausgrenzung sowie justizielle Verfolgung begünstigt wird. (Dass MfS-Mitarbeiter auch Wähler sind, dürfte auch nicht zu bestreiten sein.)

Folgen wir nun dem Lauf der Ereignisse in Kurzfassung:

Bereits auf dem Außerordentlichen Parteitag der SED-PDS im Dezember 1989 – die DDR trieb in den Strudel des Unterganges – hielten es die Delegierten[29] für richtig und nötig, die SED-PDS »zur Rehabilitierung aller, die Opfer stalinistischer Verfolgung geworden sind, sei es in der UdSSR oder in unserem Lande« zu verpflichten. Außerdem wollte sich die PDS dafür einsetzen, »dass den Opfern stalinistischer Verfolgung ein bleibendes Gedenken in unserer Gesellschaft bewahrt wird«. Sie griff den bereits von anderen unterbreiteten Vorschlag auf, ein »würdiges Mahnmal« zu schaffen.[30]

Diese Festlegung entsprach einem Vorschlag des »Kurt-Schumacher-Kreises«, der sich schon im August 1988 in einem Brief an Erich Honecker und am 1. November 1989 mit einem »Aufruf zur Vergangenheitsbewältigung, zur Rehabilitierung der Opfer stalinistischer Verfolgungsmaßnahmen und zur historischen Wahrheit in der DDR« an die Öffentlichkeit wandte.[31]

Dass auch hier das Wirken des »Ostbüros der SPD« berührt wurde, dessen DDR-feindliche geheimdienstliche Tätigkeit rehabilitiert werden sollte, liegt – wie schon erwähnt – auf der Hand.[32]

Als die maßgeblich an der Auflösung des MfS beteiligte evangelische Kirchenleitung von Berlin-Brandenburg am 12. Januar 1990 dafür plädierte, eine Gedenkstätte für alle Inhaftierten in Hohenschönhausen mit einem Mahnmal und einem Dokumentationszentrum einzurichten, sah sich die PDS zum Handeln veranlasst.[33]

Historiker aus dem Institut für Marxismus-Leninismus, einer Arbeitsgruppe »Opfer des Stalinismus« und verschiedene Autoren äußerten sich zum Thema, aber die PDS spielte bei der Diskussion eine marginale Rolle: »Bis 1997 gab es auch keine wahrnehmbare innerparteiliche Diskussion zu diesem Thema.«[34] Die Aussage ist nicht ganz korrekt.

Schon seit Anfang der neunziger Jahre gab es heftige Auseinandersetzungen an der Basis, die jedoch weitgehend ignoriert wurden. Erst 1996/97, als im Bundestag die Einrichtung der Gedenkstätte Hohenschönhausen im Rahmen des

Gedenkstättengesetzes beschlossen worden war und die ersten Schritte in Behörden des Landes Berlin eingeleitet wurden, flammte die Diskussion in der PDS neu auf.

Die PDS-Fraktion der Bezirksverordnetenversammlung Berlin-Hohenschönhausen brachte am 11. April 1997 den Antrag ein:

»Der Vorsteher der BVV wird künftig am 24. 10. jeden Jahres auf dem Städtischen Friedhof in der Gärtnerstraße der Menschen gedenken, die im Speziallager Nr. 3 des Volkskommissariats für Innere Angelegenheiten (NKWD) der UdSSR ums Leben gekommen sind. Der Vorsteher der BVV wird gebeten, an das Bezirksamt die Bitte heranzutragen, dieses Gedenken gemeinsam mit der BVV durchzuführen.« Es fand nicht nur das Totengedenken statt, auch die »würdevolle« Gestaltung einer abgetrennten Fläche auf dem Friedhof als ein »Ort des Nachdenkens« für die Opfer des Speziallagers und der späteren MfS-Untersuchungshaftanstalt wurde im Kulturausschuss am 19. Februar 1998 mit Zustimmung der PDS-Vertreter befürwortet.[35]

Bis zur Gegenwart ist trotz entsprechender Forderungen in Bevölkerungsaussprachen nicht geklärt, ob es sich um Tote aus dem Zwangsarbeiterlager, der letzten Kampfhandlungen in Hohenschönhausen, des Internierungslagers oder des sowjetischen Untersuchungsgefängnisses handelt. Durch das MfS wurde kein Untersuchungshäftling zu Tode gebracht. Einige Selbstmörder wurden gemäß den Bestattungsordnungen der DDR an den von Angehörigen gewählten Orten beerdigt. Lüge und Wahrheit wurden, wie es der Zeitgeist bestimmte, unverfroren, für Außenstehende nicht erkennbar, vermengt. Ohne Prüfung, geschweige denn gerichtsmedizinische Untersuchung, wurden die gefundenen sterblichen Überreste als »Opfer des Kommunismus« deklariert.

Die Auseinandersetzungen in der PDS um die Stellung zur Gedenkstätte Hohenschönhausen gestalteten sich »fast zur Zerreißprobe«[36]. Sie sind wohl nur als Teil des Streites um die »Entschuldigungsorgien« der PDS zu erklären und für viele nicht zu begreifen.

Viele Mitglieder der PDS sehen in der Gedenkstätte einen Versuch zur »Verdammung und Verketzerung der DDR, der SED und des MfS«, eine »Propagandaeinrichtung, in der die Feindbilder und Stereotypen des Kalten Krieges lebendig erhalten und politisch instrumentalisierend eingesetzt werden.«[37]

Für die PDS ist die Kardinalfrage: Unterwirft sie sich (auch) in der Gedenkstättenpolitik dem Verdikt von der »totalitären« DDR, um »anzukommen«, oder bekennt sie sich zur Sicherheits- und Verteidigungspolitik, die nicht nur im Interesse der DDR, sondern im Interesse des Friedens und Fortschritts lag?

Im April 2005 geriet der Berliner PDS-Senator Thomas Flierl in den Sog der Auseinandersetzungen um die Gedenkstättenkultur. Es soll eine Gedenkstätte für die Haftstätte Prenzlauer Allee in Pankow entstehen. Es handelt sich um einen Gebäudekomplex, den nach 1945 sowjetische Truppen genutzt hatten und der 1950 dem MfS übergeben wurde.

In einer Erklärung vom 7. April 2005 protestierten Vertreter der »Gesellschaft zur rechtlichen und humanitären Unterstützung« (GRH) gegen diese Absicht und drückten ihr Erstaunen darüber aus, dass sich auch die PDS vor den Karren Ewiggestriger spannen lässt.[38] Der Streit um die Gedenkstätte in

Berliner »Stasi-Liegenschaften« fand auch überregional Beachtung.

Die Schärfe der Auseinandersetzungen spiegelte sich Anfang 2005 im »Neuen Deutschland« wider. Christa Matte bekam am 19./20. Februar 2005 eine ganze Seite, um unter dem Titel »Vis à vis« zu begründen, warum die Lichtenauer Straße »eine der unwirtlichsten Straßen Deutschlands« ist, natürlich, weil sie an das ehemalige Untersuchungsgefängnis des MfS stößt. Das Foto zeigt eine Gefängniszelle mit dem Text »Schlimmer als Prügel ist so eine Zelle«. Das »ND« erhielt mindestens 50 Protestbriefe, von denen 15 gedruckt wurden. Der Tenor: Das »Neue Deutschland« habe »vor dem 60. Jahrestag der Befreiung einen beachtlichen Beitrag zur Geschichtsfälschung geleistet«. Das »ND« sei »Sprachrohr für Geschichtsfälscher und Volksverhetzung«.[39]

Die Redaktion des »ND« schien von der heftigen Reaktion auf den Artikel Mattes überrascht und erschreckt worden zu sein, denn am 28. Februar 2005 druckte es eine Erklärung Wolfgang Hübners, des stellvertretenden Chefredakteurs, ab, die den Titel »Dringende Fragen zu drängenden Briefen« trug und »über den Umgang mit DDR-Vergangenheit« belehren sollte. Er tadelte eine Reihe von Autoren der Leserbriefe, darunter Dieter Skiba, Reinhard Grimmer und Wolfgang Schmidt, und sah sich veranlasst, das »Stasi-Opfer« Wolfgang Rüddenklau in Schutz zu nehmen. Es darf festgestellt werden: Die Leser des »ND« dürften reif genug sein, um selbst zu prüfen, was sie als Geschichtsklitterung oder erlebte Erfahrung betrachten.

Leserbriefe spiegeln bekanntlich nicht (immer) die Haltung der Redaktion wider.

3. *»Die Menschen wollen Aufklärung, nicht Abrechnung. Die Wahrheit soll ans Licht, damit Aussöhnung und Frieden möglich werden. Das geht nur durch Differenzierung. Pauschalurteile führen nicht zur Einsicht, sondern zu Verstockung.«*[40]

Hohenschönhausen – die »deutsche Lubjanka«?

Den Begriff »deutsche Lubjanka« propagierte der Leiter der Gedenkstätte Hohenschönhausen im Deutschland Archiv 1/2002 und gab damit die Sprachregelung vor. Schon die Wahl des Begriffes drückte einem Vorgang einen politischen Stempel auf, ehe eine historische Untersuchung beginnt:

Die Assoziation zu Ereignissen in Moskau ist gewollt, der Totalitarismus-Doktrin wird Genüge getan, der »Diktaturenvergleich« wird zur moralisch-politischen Verurteilung.

Die Methode ähnelt der Behauptung Gansels im sächsischen Landtag am 21. Januar 2005, der die Bombardierung Dresdens als »Bomben-Holocaust« qualifizierte, nachdem Joseph Fischer 1999 schon den Auschwitz-Vergleich zur Rechtfertigung der NATO-Aggression gegen Jugoslawien missbraucht hatte. Auch Jürgen Fuchs bediente sich dieser Methode, als er die von der Birthler-Behörde okkupierten Akten als »Auschwitz der Seelen« titulierte.

Wer Hohenschönhausen isoliert und aus dem politischen und historischen Kontext löst, begeht eine grobe Fälschung. Als die Alliierten 1945 Deutschland als Sieger besetzten, lag ein opferreicher, von den Faschisten im Auftrag des deutschen

Großkapitals angezettelter und geführter Weltkrieg hinter ihnen. Ihr erklärtes Ziel war – und das entsprach dem Willen der leidgeprüften Völker –, Bedingungen zu schaffen, die es ausschließen, dass von deutschem Boden erneut eine Bedrohung ausgehen kann. Diesem Ziel waren Internierungen, Strafverfahren, Untersuchungshandlungen, Prozesse und Verurteilungen wegen begangener Verbrechen sowie Maßnahmen der Entnazifizierung und deren Folgen untergeordnet.

Wenn heute, sechzig Jahre nach der Befreiung Deutschlands von Faschismus und Krieg, die zugleich auch bedingungslose Kapitulation war, über die alliierten Internierungslager gesprochen und geschrieben wird, kann das nur in einem Vergleich geschehen, der noch viele Fragen offen lässt. Das ist auch die begrüßenswerte Methode, nach der heute Lutz Niethammer vorgeht.[41]

Zu den Erkenntnissen Niethammers gehört, »dass Informationen über die alliierten Internierungslager nur insofern im Nachkriegsdeutschland Aufmerksamkeit erregten, als sie in das Wahrnehmungsmuster des Kalten Krieges eingefügt werden konnten.«[42]

Das bedeutete für Publizisten in der BRD, dass sowjetische Lager höchste Aufmerksamkeit fanden, USA-Lager, wie Dachau, jedoch kaum und, unter Schwierigkeiten, erst in jüngster Zeit.[43]

Diese politische Sicht, die den historischen und juristischen Hintergrund für die Existenz der Lager vernebelt, wurde zugleich ein wichtiger Baustein für die unwissenschaftliche Totalitarismus-Doktrin.[44]

Den 450.000 in sowjetischer Kriegsgefangenschaft an Hunger und Auszehrung, Kälte und Krankheiten verstorbenen Deutschen könnten bei

»Aufrechnung« auch die in deutscher Kriegsgefangenschaft in Folge des sogenannten »Kommissarbefehls« massenhaft selektierten und exekutierten oder in den Kriegsgefangenenlagern verhungerten Menschen aus der UdSSR entgegen gehalten werden. Die »Bilanz« der faschistischen Verbrechen müsste ergänzt werden um die in Konzentrationslager und Arbeitslager Verschleppten. Dass Knabe und Co. auf diesem Gebiet »forschen«, ist nicht bekannt.

Kehren wir nach diesem Exkurs in das Nachkriegsrecht und die Geschichte nach Hohenschönhausen zurück.

Von 1947 bis 1950 war das Gebäude in Hohenschönhausen, um das sich inzwischen viele Legenden ranken, Zentrales Untersuchungsgefängnis des sowjetischen Geheimdienstes in Deutschland, nachdem es vorher Speziallager 3 gewesen war. Über dieses Untersuchungsgefängnis gibt es inzwischen Berichte, die eine unterschiedliche Sichtweise und Zielstellung offenbaren.

Peter Erler übernahm 2004 den Begriff »deutsche Lubjanka« in Hohenschönhausen.[45]

Er hatte schon 1998 eine Expertise zum Thema »Das Speziallager 3 in Hohenschönhausen, Mai 1945 bis Oktober 1946« geliefert, die bereits genannt worden ist.[46]

In beiden Arbeiten beschreibt Erler die Bedingungen in den Haftanstalten.

Im Hinblick auf die Toten geht Erler von »vermutlich überhöhte(n) Schätzungen« von 3.000 bis 3.100 aus, von denen 14 namentlich bekannt sind. Zwei Drittel aller Sterbefälle seien Folge von infektiösen Magen-Darm- und Mangelerkrankungen gewesen, das weitere Drittel war an Wundrose, Diphtherie und Blutvergiftung gestorben. Das ist tragisch, aber damals ungewöhnlich?

In der Expertise über die »Lubjanka« äußert sich Erler über:

- »Entstehung und Wachpersonal«
- »Die Gefängnisinsassen«
- »Verhöre«
- »Foltermethoden«
- »Nach der Folter«

Im Abschnitt »Die Gefängnisinsassen« teilt Erler mit:

»Der sowjetische Geheimdienst überführte in sein Zentralgefängnis in der SBZ vorwiegend Frauen und Männer, die beschuldigt wurden, ›konterrevolutionäre Verbrechen‹, wie zum Beispiel Spionage, illegale Gruppenbildung und antisowjetische Propaganda, begangen zu haben. Davon betroffen waren Mitarbeiter, Kuriere und Informanten der Kampfgruppe gegen Unmenschlichkeit (KgU) und des Ostbüros der SPD, vermutete und wirkliche Agenten westlicher Geheimdienste, Angehörige studentischer Oppositionskreise sowie Liberaldemokraten und Mitglieder der CDU. Unter dem Vorwurf des ›Trotzkismus‹, ›Titoismus‹ und ›Sozialdemokratismus‹ wurden im ›U-Boot‹ auch Mitglieder der SED, der KPD und linker Splittergruppen eingekerkert. Eine Reihe der MGB-›Gäste‹ waren Entführungsopfer aus West-Berlin und Westdeutschland. Wenn SED- oder KPD-Mitglieder inhaftiert waren, so jedenfalls nicht wegen ihrer Parteimitgliedschaft oder Gesinnung.

Eine Gefangenenkategorie in Hohenschönhausen, die in keinem direkten Bezug zur gesellschaftlichen Umgestaltung (›Sowjetisierung‹) in der SBZ/DDR stand, bildeten die ›Nazi- und Kriegsverbrecher‹.

Weiterhin durchliefen die ›deutsche Lubjanka‹ eine große Zahl von Angehörigen der sowjetischen Besatzungsmacht, ehemalige Soldaten der ›Wlassow-Armee‹ und Emigranten, die nach der Oktoberrevolution von 1917 Russland verlassen und in Berlin eine zweite Heimat gefunden hatten.«[47]

Als eine verschärfte Form der Steh- und Kältefolter sei in Hohenschönhausen auch die Wasserfolter praktiziert worden. Dieter Rieke habe diese Tortur im März/April 1949 erdulden müssen. Nach einem ergebnislos verlaufenen Verhör sei er in eine Zelle im Mittelgang des Kellers gedrängt worden. Dann hätten ihn zwei Kalfaktoren mehrmals mit kaltem Wasser übergossen. Der Fußboden wäre nun etwa handbreit hoch mit einer Wasserlache bedeckt gewesen, die durch die erhöhte Türschwelle nicht abfließen konnte. Die schmale, ebenfalls nasse Betonpritsche hätte auch in diesem Fall nicht zum Sitzen genutzt werden können. Ein Hocken wäre lediglich auf der Kante des Sockels möglich gewesen. Er habe diese Sonderbehandlung mit nasser Kleidung und frierend mehrere Tage lang ertragen müssen.[48] Soweit der Bericht Riekes.

Zunächst: Der Begriff »Sonderbehandlung«, der hier für eine behauptete (bewiesene?) »Wasserfolter« gebraucht wird, war für die Nazis Synonym für die physische Vernichtung. Riekes Wortwahl soll dem Leser entsprechende Assoziationen suggerieren. Und: Bis zum Ende der DDR analysierten Experten in der BRD, vor allem in Salzgitter, ob und wie in Haftanstalten der DDR gesetzwidrige Handlungen vorgenommen wurden.

Bis 1990 war davon keine Rede. Erst mit Kinkels Aufforderung an die Richter, die DDR »delegitimieren«

zu helfen, erlebten die Opferberichte einen hoch taxierten Marktwert.

MfS-General Gerhard Niebling hat im August 1999 in seiner Erklärung vor Gericht zu den gegen ihn erhobenen Beschuldigungen wegen Körperverletzung und Nötigung zu einer Aussage (von einem ehemaligen U-Häftling für 1953 erhobene Anschuldigungen) auf den von Sauer und Plumeyer – beides Juristen der Zentralstelle Salzgitter – verfassten Bericht »Der Salzgitter-Rapport« Bezug genommen. Darin wird von angeblich ca. 625 Körperverletzungen und ca. 2.000 Misshandlungen in Strafvollzugseinrichtungen der DDR berichtet. Als betroffene Anstalten werden – nicht selektiv – ausschließlich Strafvollzugseinrichtungen des Ministeriums des Innern (MdI) und der Volkspolizei (VP) genannt, in denen so etwas passiert sein soll. Nicht eine einzige Untersuchungshaftanstalt des MfS – auch nicht die »Zentrale des Terrors« Hohenschönhausen – wird in diesem Rapport genannt.

In den Berichten Peter Erlers über Hohenschönhausen finden sich auch Verweise auf Selbstmorde: »Um sich den Qualen zu entziehen, versuchten Häftlinge mitunter, sich das Leben zu nehmen. So haben sie sich beispielsweise in den mit etwas Wasser gefüllten Toilettenkübel gestellt und einen Finger in die Lampenfassung gesteckt.« Oskar Hippe habe versucht, sich am Lampengitter zu erhängen.[49] Das sei in der Zeit geschehen, als Hohenschönhausen sowjetisches Speziallager Nr. 3 gewesen war.

»Neben den vielen Berichten über Folter und Torturen werden auch Fälle geschildert, wo die Betroffenen – insbesondere Sozialdemokraten – während ihrer monatelangen U-Haft in Berlin-Hohenschönhausen keinerlei Misshandlungen ausgesetzt waren.«[50]

Es mag für manche heute unangenehm sein, sie daran zu erinnern, dass es für das Vorgehen der Siegermächte gegen Kriegsverbrecher und Nazis eine Rechtsgrundlage gab, auf die Karl Wilhelm Fricke und andere Autoren auch in ihren Arbeiten hinwiesen.[51]

Zu den Rechtsgrundlagen gehört das Potsdamer Abkommen, das festlegte, dass Kriegsverbrecher, Nazifunktionäre und alle anderen Personen »zu verhaften und zu internieren« seien, »die für die Besetzung und ihre Ziele gefährlich sind«.[52]

Ohne Zweifel war das eine sehr dehnbare Formulierung, und aus ihr folgte, dass es Internierungslager geben würde.

Ein treffliches Beispiel für die Entlassung aus sowjetischer Internierung oder Untersuchungshaft, wenn Entlastete nachweisen konnten, dass sie nicht schuldig waren, ist der »Fall« von Karl-Heinz Gerstner. In dem Buch »Sachlich, kritisch, optimistisch« (edition ost, Berlin, 1999) wird auch seine Haftzeit in Hohenschönhausen beschrieben, ehe er nach Überprüfung und Bestätigung seiner Zusammenarbeit mit französischen Widerstandskämpfern als unschuldig entlassen wurde. Seine Darlegungen als Zeitzeuge dazu (u. a. S. 226/227) sind besonders aufschlussreich.

So berichtet er: »Ich habe in meiner Haftzeit 23 Vernehmungen durchmachen müssen. Angenehm war das nicht, von Folter war aber keine Rede. In all meinen Vernehmungen waren die beteiligten sowjetischen Offiziere nicht einmal laut geworden. Manchmal wurde mir Tee angeboten. Ich hatte auch von keinem der vielen Häftlinge, mit denen ich in jenen Monaten gesprochen habe, etwas von Folter gehört.... Nach der Wende hat man Massengräber neben dem Lager Hohenschönhausen gefunden. Das waren zweifellos diese gestorbenen Häftlinge. Schreckliche Kriegsfolgen. Unwahr ist aber, was behauptet wurde, dass diese Häftlinge von den ›Sowjets gefoltert und exekutiert‹ worden sind. Sie ertrugen die Untersuchungshaft nicht, in der sie meist wegen schwerer Schuld einsaßen. Denn das darf nicht vergessen werden und nicht unausgesprochen bleiben, dass in Hohenschönhausen aktive Nazis saßen, die – alles in allem – 60 Millionen Tote des II. Weltkrieges auf dem Gewissen hatten.«

Lager, wie das in Hohenschönhausen, entstanden in Ost und West, aber dass diese Lager, soweit sie den sowjetischen Organen unterstanden, heute häufig Konzentrationslager genannt werden, beweist ihre Instrumentalisierung.

Einzelheiten des Vorgehens aller vier Besatzungsmächte legten das Kontrollratsgesetz Nr. 10 und die Direktive Nr. 38 fest, gegen die – nach Fricke – Einwendungen sachlich nicht begründet sind. »Ihre Zielsetzungen konnten und mussten vernünftigerweise bejaht werden.«[53]

Das geschah beispielsweise bei den Prozessen der US-Militärjustiz in Dachau.

Gräfin Dönhoff resümierte: »In diesen Verfahren wurden 24 Todesurteile verhängt, von denen 13 im Gefängnis von Landsberg vollstreckt worden sind. In Landsberg wurden zwischen 1945 und 1951 insgesamt 255 Personen ... durch den Strang hingerichtet.«[54]

Wenn unsereins den Verdacht äußert, dass die »staatlich verordnete« und von vielen Medien unterstützte Erinnerung an die deutschen Opfer – alliierte Bomben, Maßnahmen zur Umsiedlung oder Grauen bei Kriegsende – aktuelle politische Funktionen erfüllt, mindestens die der »Aufrechnung« und der Relativierung der Naziverbrechen, wird er zur Ordnung gerufen.

Deshalb bediene ich mich der Urteile des früheren Bundespräsidenten Herzog und des stellvertretenden Vorsitzenden des Zentralrates der Juden, Salomon Korn.

Roman Herzog erklärte am 13. Februar 1995 in der Dresdner Kathedrale: »Leben kann man nicht gegen Leben aufrechnen, Schmerz nicht gegen Schmerz, Todesangst nicht gegen Todesangst, Vertreibung nicht gegen Vertreibung, Grauen nicht gegen Grauen, Entwürdigung nicht gegen Entwürdigung. Menschliches Leid kann nicht saldiert werden. Es muss gemeinsam überwunden werden, durch Mitleid, Besinnung und Lernen.

Diese Mahnung richte ich an die Historiker und die historischen Laien, die sich noch heute um die Zahl der Opfer auf allen Seiten, vor allem aber um die Opfer des Zweiten Weltkrieges und der nationalsozialistischen Gewaltherrschaft streiten. Man hat diese Rechenbeispiele zu Recht als ›Ziffernsprache des Ungeheuerlichen‹ bezeichnet. Diese Sprache führt nicht einen Schritt weiter, und sie entspricht auch nicht dem Denken der heutigen Deutschen in ihrer ganz großen Mehrheit.«[55]

Gerade diese Art »Ziffernsprache des Ungeheuerlichen« wird hinsichtlich des »DDR-Unrechts« ins Unermessliche pervertiert, wenn ausnahmslos alle Straftäter aus der DDR – ob Kriegsverbrecher, Diversanten, Terroristen, Mörder, Brandstifter,

Kinderschänder, Agenten, Spione und sonstige Kriminelle – pauschal zu »Opfern« erklärt werden.

Neuerlich kommen auch noch die vormals »rechtsstaatswidrig« in Jugendwerkhöfe eingewiesenen Jugendlichen dazu.

Salomon Korn hat die »terminologische Einordnung der nationalsozialistischen Gewaltherrschaft auf die Ebene nationaler kommunistischer SED-Diktatur« verurteilt und die Mitarbeit in der »Stiftung Sächsische Gedenkstätten« eingestellt – aus Protest gegen diese Art Gleichsetzung der DDR mit dem verbrecherischen Nazi-Regime und der damit einhergehenden Verharmlosung der von den Faschisten begangenen Verbrechen, insbesondere des im Holocaust und anderen Massenmorden gipfelnden Terror-Regimes.[56]

---

4. »Wo aber ein Aas ist, da sammeln sich die Geier«

(Matth.24.28)

»Land der Träume« oder »Stasiland«?

Kann mit dem »Land der Träume« und »Stasiland« dasselbe gemeint sein? Lässt sich Gegensätzlicheres denken? Aber es ist so: Gemeint ist in beiden Fällen die DDR. »Land der Träume« ist der Titel eines Artikels in »Die Zeit«[57], der mit den Sätzen beginnt: »Für viele Ostdeutsche ist die DDR zu einem Land der Träume geworden. Es sind Träume von Sicherheit und Aufgehobensein, von Freundschaft und Zusammenhalt.« Für (wie) viele DDR-Bürger waren diese »Träume« Realität? »Stasiland« ist der Buchtitel, den die australische Journalistin Anna Funder gewählt hat, um die Eindrücke über die DDR, die sie einmal, und Ostdeutschland, das sie zweimal besuchte, zu beschreiben.[58] Sie gehört also zu jener Legion von Autoren, die nicht in der DDR gewohnt, aber genau wissen, wie die Bürger der DDR gelebt haben. Honorare und Auszeichnungen fördern solche Arbeiten, die den Frust und den Widerwillen von DDR-Bürgern noch verstärken.

Der Artikel und das Buch stehen sogar in einer inneren Beziehung. Anna Funder will das »Land der Träume« in ein Land des Grauens verwandeln, obwohl es so nicht existiert hat.

Die Frage ist, warum sie das will und wie sie es tut.

Wenn Anna Funder beim Thema »Hohenschönhausen« zitiert werden wird[59], hat es mehrere Gründe.

Erstens enthält ihr Buch ein spezielles Kapitel »Hohenschönhausen«.

Zweitens bietet ihr Text so ziemlich alle verleumderischen Klischees, die von den Gauckianern und Eppelmännern in die Welt gesetzt worden sind und von »willigen« Journalisten verbreitet werden.

Drittens wurde Anna Funder für ihre Erfindungen über den »Moloch Stasi« mehrfach prämiert: »Die Autorin schreibt völlig unprätentiös und trifft fast immer ins Schwarze. Höchst empfehlenswert«, wird ihr Buch den Abgeordneten des Deutschen Bundestages und allen Lesern vorgestellt.[60] Es dürfte deshalb statthaft sein, Anna Funder als Kronzeugin für jene zu zitieren, deren gut bezahlter und krisensicherer Job die Verteufelung der DDR im

Allgemeinen, die Verfälschung der Vorgänge in Hohenschönhausen im Besonderen ist.

Allerdings sollten die Leser auch erfahren, das Anna Funders »Stasiland« auch Gegenstand eines Gerichtsverfahrens war, über das die »junge Welt« am 21. August 2004 unter dem Titel »Kläffende Hundewelpen« berichtet hat.

Geklagt hatte die Gesellschaft zum Schutz für Bürgerrecht und Menschenwürde (GBM), über die Anna Funder eine Reihe von Lügen verbreitet hatte.

Per einstweiliger Verfügung wurde vom zuständigen Gericht in Hamburg ohne mündliche Verhandlung am 3. August 2004 angeordnet:

Der Antragsgegnerin wird bei Vermeidung eines vom Gericht für jeden Fall der Zuwiderhandlung festzusetzenden Ordnungsgeldes bis zu 250.000,00 Euro, ersatzweise Ordnungshaft, oder Ordnungshaft bis zu sechs Monaten, Letztere zu vollziehen an der Komplementärin, untersagt, wörtlich oder sinngemäß zu behaupten und/oder zu verbreiten:

- der Antragsteller habe Zugang zu den zehn Millionen Mark, die der SED gehört haben und unauffindbar sind;
- Männer (der GBM) würden Leute terrorisieren;
- Belästigung durch unbestellte Hauslieferungen sei beliebt: Ein Mann bekam ein tickendes Paket vor die Haustür gelegt; Ehefrau musste Pornosendungen annehmen, die der Ehemann gar nicht bestellt hatte;
- ein Mann habe einen Lastwagen voller kläffender Hundewelpen zugestellt bekommen, für die der Fahrer eine Unterschrift verlangte;

- Bremskabel in Autos seien durchgeschnitten worden, Unfälle und Todesfälle durch Rückwärtsgang herbeigeführt;
- das Kind eines Schriftstellers sei von einer unbekannten Person von der Schule abgeholt und zu einer Tasse Schokolade eingeladen worden, etwa für eine Stunde.

Die bereits aufgebundenen und/oder ausgelieferten Exemplare des Buches »Stasiland« von Anna Funder sind von der Verbotsverfügung ausgenommen.

Sie dürfen und müssen also einbezogen werden, wenn die Fälschungen über Hohenschönhausen und deren Funktion enthüllt werden sollen.

Wiederholungen und Querverbindungen zwischen einigen Fragenkomplexen werden dabei unvermeidlich sein.

Beginnen wir mit dem Forschungsauftrag.

---

5. *»Darfst Du dem Ochsen, der da drischt, das Maul verbinden?«*

(5. Buch Mose 25.4)

»Stasi-Forschung gleicht mehr und mehr einem absurden Theater.«

Der Satz stammt von Hubertus Knabe, dem Leiter der Gedenkstätte Hohenschönhausen. Er wurde im Oktober 2004 auf einer Tagung in der Evangelischen Akademie für politische Bildung ausgesprochen, als Knabe über die Rosenholz-Dateien referierte, und in »Das Parlament« als Titel eines Berichtes verwendet.[61]

Zwar war der Satz in einem bestimmten Kontext gesprochen worden, aber welcher vernünftige Mensch möchte diesem Urteil widersprechen?

Dieses »absurde Theater« ist natürlich nicht nur in Hohenschönhausen zu besichtigen, sondern spielt in (fast) ganz Europa.

Vom 21. bis 23. Oktober 2004 tagte im Weimarer Rathaus ein internationales Symposium der Stiftung Ettersberg in Zusammenarbeit mit der Stiftung zur Aufarbeitung der DDR-Diktatur.

Das Thema hieß: »Der Kommunismus im Museum«, das »absurde Theater« beschäftigte sich aber mit der Besichtigung einer politischen Leiche, wie die Veranstalter hofften. »Acht Diktatur-Museen« aus Ungarn, Rumänien, Polen, Tschechien, den drei baltischen Staaten und Deutschland versuchten, ihre »Erinnerungskulturen« zu vergleichen.[62]

Totalitarismusforscher, die den »Diktaturenvergleich« betreiben, müssten sich natürlich fragen lassen, ob eine bundesdeutsche Gedenkstätte je Gastgeber für eine Veranstaltung war, auf der Erfahrungen bei der »Bewältigung« der faschistischen Vergangenheit zur Debatte standen, aber »antitotalitärer Konsens« schließt bekanntlich in der Regel Antifaschismus aus.

Volkhard Knigge, der Direktor der Gedenkstätte Buchenwald, monierte, dass einige Museen, »einfach nichts anderes sein wollen als geschichtspolitische Kampfeinrichtungen«, und Klaus-Dietmar Henke, der vormalige Direktor des Hannah-Arendt-Instituts in Dresden, jetzt Professor an der TU Dresden, zeigte zwar Verständnis für die »Fokussierung auf stalinistische Praktiken und

Überwachungsapparate«, kritisierte aber, dass damit die kommunistische Wirklichkeit nicht vollends erfasst werden könne. Er forderte ein »Übergewicht der Wissenschaft« in der Dokumentation.[63]

Wir stellen also zunächst fest: Die »Aufgaben«, die die Gedenkstätte Hohenschönhausen zu erfüllen hat, sind Teil einer (ost-)»europäischen« Aufgabe. Übrigens: Einer Aufgabe, der sich auch jetzt in Ostdeutschland ansässige Totalitarismusforscher unterziehen, nicht jedoch west-deutsche Gedenkstätten.

Warum also gibt es für die »politische Klasse« eine solche Vorliebe für Hohenschönhausen?

Die Homepage der Gedenkstätte gibt die Antwort selbst:

»Das Gelände der ehemaligen Untersuchungshaftanstalt des Ministeriums für Staatssicherheit (MfS) in Berlin-Hohenschönhausen steht wie wenige andere Orte in Deutschland für die 44-jährige Geschichte politischer Verfolgung in der sowjetischen Besatzungszone und der DDR. Tausende Unschuldiger wurden hier vom Mai 1945 bis zum Herbst 1989 unter oftmals unmenschlichen Bedingungen in Haft gehalten.«[64]

Und mit diesem Etikett wirbt die Gedenkstätte auch öffentlich und international. So besuchte am 7. Juli 2004 Berlins Bürgermeister Klaus Wowereit die Gedenkstätte, um zu verkünden, dass die Würdigung der »Opfer des SED-Regimes« eine »nationale Aufgabe« sei, die auch »national bewältigt werden« müsse.

Der neu gegründete Prominenten-Förderverein zur finanziellen Unterstützung der »Gedenkstätte Berlin-Hohenschönhausen« verfolgt die gleiche politische Zielstellung. Zu den Gründern zählen unter anderem Alt-Bundeskanzler Helmut Kohl, Michael Glos, Stefan Hilsberg, Vera Lengsfeld und, nicht zu vergessen, Arnulf Baring und Hans-Eberhard Zahn.

Hier befindet man sich in abgewogener Gemeinschaft mit dem Flick-Konsortium, welches die »Gedenkstätte« in der ehemaligen UHA des MfS in Potsdam finanziell sponsert.

Was hat die Gedenkstätte bisher an Forschungsergebnissen zu bieten? Die Geschichte des Gebäudekomplexes, seine Verwendung und die Geschichte der Haftanstalt sind vor allem durch Peter Erler untersucht worden.[65]

Die Gedenkstätte gibt Tätigkeitsberichte, Kalender und Plakate heraus. Das offizielle Plakat zeigt einen Gang mit dem Text »Das STASI-Gefängnis«. Es soll an das »U-Boot« erinnern, über das noch zu reden sein wird. Jedermann kann erkennen: Die »Forschung« floriert.

Aber nun droht Knabe und Co. neues Ungemach.

Längst ist die Frage zu prüfen, ob die Gauck-Birthler-Behörde befugt und befähigt ist, Forschungsarbeit zu leisten und Forschungsergebnisse mit quasi staatlicher Gewalt in das Bewusstsein der Öffentlichkeit zu drücken.

So stellte kürzlich der Willy-Brandt-Kreis in seiner Erklärung vom 17. Februar 2005 »zum künftigen Umgang mit den Stasiakten« fest:

»...Pressehinweise, wonach künftig Hauptaufgabe der Behörde« (gemeint ist der Apparat der Bundesbeauftragten für die Unterlagen des Staatssicherheitsdienstes der ehemaligen Deutschen Demokratischen Republik ›BStU‹ Anm. d. A.) »die Aufarbeitung der DDR-Geschichte sein wird, erfüllen uns allerdings mit Sorge, da die Behörde mit ihrer bisherigen Arbeit bewiesen hat, dass sie für diese Aufgabe ungeeignet ist. Die Behörde war von Anfang an nicht als neutrale wissenschaftliche Einrichtung angelegt, sondern hatte eine politische Zweckbestimmung. Wie der damals zuständige Ministerialdirigent im Bundesinnenministerium erklärte, hatte der Sonderbeauftragte den Sonderauftrag, die DDR zu delegitimieren. Gleichzeitig waren alle geheimdienstlichen Erkenntnisse über die Bundesrepublik streng geheim, sie stehen der kritischen Aufarbeitung nicht zur Verfügung. Damit begann eine auf ostdeutsche Repressionsgeschichte eingeengte, selektive Geschichtsschreibung, die nicht nur Alltagsgeschichte ausblendete, sondern auch Forschungsvorhaben, die nicht die gewünschte Delegitimierung erbrachten, unter den Tisch fallen ließ....

... Emanzipatorische Elemente, wie die Brechung des Bildungsprivilegs in der DDR oder das Selbstbewusstsein von Produktionsarbeitern, wurden genauso ausgeblendet wie Aspekte der bundesdeutschen Repressionsgeschichte....«

Weiter heißt es in dem Papier des Willy-Brandt-Kreises: »Mit ihrer Reproduktion von staatlich beaufsichtigter Geschichtswissenschaft hat die Behörde von Anfang an auch zu Fehlurteilen und Legendenbildungen beigetragen.

Wenn heute in Westdeutschland und im Ausland das Bild der DDR als das eines reinen Unrechtsstaates vorherrscht, in dem alle Bürger entweder bei der Stasi gearbeitet haben oder von ihr beobachtet wurden, bei jeder missliebigen politischen Äußerung im Gefängnis landeten und nur unter Lebensgefahr das Land verlassen konnten, so hat die Behörde ihren Auftrag erfüllt. Wer weiß schon, dass in den Jahren der Mauer nach Angaben des

Bundesinnenministeriums – größtenteils unter schikanösen Bedingungen – 429.815 Ausreiseanträge genehmigt wurden, die 33.775 heraus gekauften Häftlinge nicht mitgerechnet....

... Wir brauchen eine differenzierte Aufarbeitung der Geschichte, die auch die westdeutsche Parallelgeschichte nicht ausblenden darf, weil sich nur in der Gesamtansicht Aktionen und Reaktionen erklären lassen. Wir befürworten die zukünftige Überführung des Aktenbestandes unter die Obhut des Bundesarchivs, das eine hohe Gewähr für einen sachgemäßen Umgang mit diesen Unterlagen bietet....«

Die Erklärung haben 18 Persönlichkeiten aus West- und Ostdeutschland, u. a. Egon Bahr, Peter Brandt, Daniela Dahn, Friedrich Dieckmann, Günter Grass, die Verfassungsrichterin Christine Hohmann-Dennhardt und Friedrich Schorlemmer, unterzeichnet.

»Ich finde es zum Beispiel unerträglich, dass in der ›Berliner Zeitung‹ ein ehemaliger Stasi-Mitarbeiter ständig über Stasi-Themen schreibt«, entrüstete sich Hubertus Knabe in Radio Berlin-Brandenburg am 22. September 2003 und in der »Berliner Zeitung« vom 25. Juni 2004. Er meinte den Redakteur Andreas Förster, der 1977-1980 im Wachregiment »Feliks Dzierzynski« gedient hatte. Knabe wurde wegen dieser Entgleisung am 24. Juni 2004 zur Zahlung von 2.500 € an Förster verurteilt.

Darf bei dieser Gelegenheit an Gesetz und Recht erinnert werden? Das Grundgesetz zählt die Rede- und Gewissensfreiheit zum Kernbestand der Menschenrechte. Vor Gericht darf sich auch der schlimmste Verbrecher äußern. In Medien erhalten Rechtsbrecher oft die Möglichkeit, sich lukrativ zu vermarkten. Das alles ist »rechtsstaatlich«. Aber ein – angeblicher – »Stasi-Mitarbeiter« darf sich nicht äußern?

Bei anderer Gelegenheit erklärte Hubertus Knabe:

»Nach der Wende hatten die Stasi-Mitarbeiter ein schlechtes Gewissen. Heute ist ihr Unrechtsbewusstsein bei Null.«

Und als Erklärung für den Wandel sagte er:

»Erfolge der PDS, DDR-Nostalgie, wie Stasiwappen auf Feuerzeugen, senken die Tabu-Schwelle. Inzwischen ist alles erlaubt, werden die früheren Stasi-Mitarbeiter aggressiver.«

»Leider gibt es kein Gesetz, das die Aufklärung von Taten des Kommunismus schützt. Vor unserem Tor könnten Flyer mit ›Alles Lüge‹ verteilt werden – und es würde nicht bestraft«, trompetete Knabe in »BILD« vom 9. Juli 2004 über den »Psycho-Terror in der Stasi-Gedenkstätte«.

Aber: Wer verursacht denn den »Psycho-Terror«? Wer bestimmt denn, was »Unrecht« und was »Lüge« ist? Hubertus Knabe?

Knabe maßte sich an festzulegen, was als Verbrechen zu gelten hat und von der Staatsanwaltschaft zu untersuchen sei.

Wir lasen und hörten im Nachruf von Hubertus Knabe für den »Dissidenten« Jürgen Fuchs im Mai 1999:

»Jürgen Fuchs starb im Alter von 48 Jahren an einer seltenen Form von Blutkrebs. Seit dem Ausbruch der Krankheit hegte er den Verdacht, dass sie womöglich vom Staatssicherheitsdienst der DDR ausgelöst worden war, um den unbelehrbaren und gefährlichen Kritiker auf unsichtbare Weise zu beseitigen. Der Verdacht wurde dadurch bestärkt, dass auch andere Regimekritiker, wie Rudolf Bahro oder Gerulf Pannach, in jüngster Zeit an Krebs starben. Hinzu kamen Indizien, wie der merkwürdige Fund einer ›Röntgenkanone‹ im Fotoraum der Untersuchungshaftanstalt in Gera oder Aufzeichnungen der Staatssicherheit, wie man Menschen durch radioaktive Verstrahlung unbemerkt zu Tode bringen kann.«

»Erst durch seinen Tod hat jetzt die Staatsanwaltschaft der Frage nachzugehen, ob Jürgen Fuchs' tödliche Krankheit menschengemacht war.«

Der behauptete Zusammenhang von »Röntgenkanone« und Krebstod oder gar die ominösen Aufzeichnungen der Staatssicherheit waren erlogen, aber Knabe offenbarte die Absicht seiner Verleumdungen.

Hier wird nur vermerkt, dass Knabe auch fleißig Bücher schreibt, von denen eins in sein Arbeitsgebiet fällt, nämlich das mit Peter Erler verfasste »Der verbotene Stadtteil«[66].

Bedenken werden »Stasi-Jäger« kaum beeindrucken. Hubertus Knabe jagt nach seinen eigenen Worten der historischen Wahrheit hinterher, aber immer, wenn ich ihn auf dem Bildschirm sehe, werde ich an einen mir bekannten Schauspieler erinnert, der im Dresdner Staatsschauspiel einen Großinquisitor spielte. Liegt das an meiner Voreingenommenheit? Versuchen wir, Knabes Absichten und Ansichten aus seinen eigenen Worten zu erklären.

Ein Historiker stellt Vergangenes dar, versucht Ursachen und Wirkungen zu benennen, wenn er sich als Wissenschaftler betrachtet, auch Erkenntnisse zu formulieren. Er ist nicht Ankläger und Richter. Und Hubertus Knabe?

»Mit Hohenschönhausen haben wir einen Verfolgungsort der letzten Diktatur fast unversehrt überliefert, dem eine wirklich nationale Bedeutung zukommt. Das ist, wenn man das überhaupt vergleichen kann, das Dachau des Kommunismus«, sagte er im Interview in der »Berliner Zeitung« vom 1. Dezember 2000.

Nun meint Knabe nicht das Internierungslager der USA-Truppen in Dachau 1945, wie ein Ahnungsloser unterstellen könnte, sondern das Nazi-Konzentrationslager. Schon das zeigt den politischen Standort und die denunziatorische Absicht. Bis heute ist nichts darüber bekannt, dass er sich zwischenzeitlich davon distanziert hat, obwohl es in Bezug auf Verunglimpfung und Schändung der Opfer des KZ-Regimes neue gesetzliche Regelungen gibt, die solcherart Gleichnis unter Strafe stellen.

Auch über die Absichten solchen Tuns lässt Knabe seine Leser nicht im Unklaren: Die Untersuchungshaftanstalt Hohenschönhausen wird mit der Schablone der Totalitarismus-Doktrin gemessen: Zwei Diktaturen in Deutschland.

Bei dem Buch selbst handelt es sich nicht nur dem Umfang nach um ein dünnes Heft. Es verbreitet hauptsächlich für den Leser lästige Wiederholungen über Struktur und Aufgabenstellungen von Diensteinheiten des MfS und die Entwicklung der baulichen Gegebenheiten im »verbotenen Stadtteil«. Um die Unseriosität der Darlegungen zu beurteilen, reicht es, darauf zu verweisen, dass Knabe die Spionageabwehr des MfS in Anführungszeichen setzt und allen Ernstes behauptet, diese habe nur als Vorwand der Überwachung der Bevölkerung gedient oder dass er wider besseres Wissen verbreitet, das MfS habe die RAF ausgebildet.

Die Zahlenangaben im Buch sind widersprüchlich. So wird für die Zeit von 1951–1989 einmal von 20-22.000 Häftlingen, dann wieder von 11.000 gesprochen, auch die Addition der Zahlen für die Gesamtzeit ab 1945 ergibt keine 40.000, wie auf dem Schutzumschlag angegeben ist. Knabe und Erler verwenden zwar Begriffe, wie Terror und unmenschliche Haftbedingungen, bleiben den Beweis dafür aber schuldig.

Im Heer der Kämpfer um die »Erinnerungsschlacht« anlässlich des 60. Jahrestages der Befreiung durfte Hubertus Knabe natürlich auch nicht fehlen. Am 29. März 2005 erschien sein Buch »Tag der Befreiung? Das Kriegsende in Ostdeutschland«[67].

Natürlich bietet Knabe auf den 390 Seiten für 24 Euro keine neuen Erkenntnisse an, sondern eine extrem konservative Deutung der »Katastrophe«, die der Sieg der Sowjetunion bedeutet habe.

Interessanter als das Buch ist der Umgang mit ihm. In »Die Welt« vom 20. März 2005 wurde es von einem Anonymus vorgestellt, neun Tage vor dem Erscheinen, als sei nun endlich die absolute Wahrheit gedruckt.

Noch bezeichnender ist, dass im »Deutschland Archiv. Zeitschrift für das vereinigte Deutschland« (anfangs SBZ-, dann DDR-Archiv) unter den 28 Büchern, die im ersten Halbjahr 2005 zum Thema »8. Mai 1945« erschienen, den Lesern ausgerechnet das Werk Hubertus Knabes ans Herz gelegt wurde. Die Rezension trägt den Titel »Das Doppelgesicht des 8. Mai«. Die Besprechung ist kennzeichnend für die gewünschte »Richtung« der Manipulation und reizt zu Anmerkungen.

Schon die Überschrift zwingt zur Frage: Kann ein (beliebiger) Tag ein Doppelgesicht haben wie eine

Münze oder (als Metapher) ein Mensch? Der Rezensent Eckert meint natürlich die Wertung des 8. Mai 1945, für die Heinrich Böll die Kurzformel fand: »Ihr werdet die Deutschen immer wieder daran erkennen können, ob sie den 8. Mai als Tag der Niederlage oder der Befreiung bezeichnen.« Nun also hatte Hubertus Knabe den unwiderstehlichen Drang, sich auch zu »outen«, aber wie? Das bringt Eckert den Lesern des »Deutschland Archiv« bei. Eckert fragt einleitend, ob es nicht an der Zeit sei, auch der »Opfer von Vertreibung, Bombenkrieg und Vergewaltigungen durch sowjetische Soldaten« zu gedenken. Damit soll Knabes Anliegen gewissermaßen zu einem dringenden Bedürfnis des »Volkes« werden, das endlich – durch Knabe – befriedigt wird.

Wer indessen die bundesdeutsche Literatur kennt, das »Deutschland Archiv« eingeschlossen, weiß, dass diese Themen schon in den fünfziger Jahren keine weißen Flecken in der bundesdeutschen »Forschung« waren. Die Konjunktur dieser Themen, nun auch im Fernsehen, hat reaktionäre politische Gründe, die Historiker (zum Beispiel Kurt Pätzold) enthüllt haben.

Die Frage ist: Wer braucht warum diese »Welle des Leidens« von Deutschen? Und warum beteiligt sich Knabe an der »Erinnerungsschlacht« (Norbert Frei)? Offensichtlich glaubt er, ohne seinen Beitrag gäbe es nicht genug Antikommunismus, der nun hinter der Nebelwand (bestimmter) »Zeitzeugen« reproduziert wird. Der Rezensent hebt denn auch hervor: Knabe »schildert die Schrecken der Eroberung durch die ›Rote Armee‹, die terroristische ›Säuberung‹ in den deutschen Ostgebieten und die Rolle von Terror bzw. politischer Verfolgung auf dem Weg zur SED-Diktatur. Dies alles sind legitime

Themen, und Knabe breitet in einem gut lesbaren Stil eine ganze Palette schrecklicher Leiden und Untaten aus.«

Wenn wir schon bei »Leiden und Untaten« sind: Begannen sie 1945? Gab es sie nur im Osten? War es nicht Bundespräsident Roman Herzog, der am 13. Februar 1995 in der Dresdner Kathedrale diese makabre Methode der »Saldierung der Opfer« streng verurteilte? Hatte nicht der altersweise Willy Brandt schon 1987 davor gewarnt, alle alten Schlachten noch einmal zu schlagen? Aber was gelten Argumente der Vernunft Leuten wie Knabe? Der Rezensent jedenfalls lobt an Knabes Buch: Knabe »geht von der Mitschuld der Sowjetunion am Krieg aus und schildert den sowjetischen Terror der Nachkriegszeit als Voraussetzung für die Etablierung der SED-Diktatur. Im Mittelpunkt steht dabei die Charakterisierung der Sowjetunion als eine blutige Diktatur. Die Verbrechen der sowjetischen Truppen in den deutschen Ostgebieten und in abgeschwächter Form in der Sowjetischen Besatzungszone werden detailliert ausgemalt, und als eigentlichen Grund macht Knabe nicht die vorausgegangenen deutschen Untaten aus, sondern nennt Verrohung der Soldaten und den Einfluss sowjetischer Kriegsideologie bzw. das Ergebnis blutrünstiger Propaganda. In dieser Sicht werden die sowjetischen Soldaten zu Bestien und der Mord an Deutschen nimmt die Züge eines Genozids an.«

Ob sich Autor und Rezensent darüber klar sind, was sie da geschrieben haben?

Der Leser dieser Zeilen möge prüfen (was von Knabe nicht zu erwarten ist): Was hätte uns (ich beziehe mich ein) geblüht, wenn die Sowjetsoldaten nach dem altbiblischen Prinzip »Auge um Auge«

gehandelt hätten? Welche Motive hatten denn deutsche Soldaten veranlasst, so zu handeln, wie Knabe es den Sowjetsoldaten unterstellt?

Wer versucht, in den Tagebüchern und Reden eines gewissen Joseph Goebbels zu prüfen (sie sind gedruckt), inwiefern Knabe die Tiraden des Reichspropagandaministers noch übertrifft?

Und Knabe setzt der Hasspredigt noch die Krone auf, indem er behauptet, »dass der polnische Terror den der sowjetischen Behörden noch übertroffen« habe.

Da Knabe aus der Gedenkstätte Hohenschönhausen ein Gruselkabinett gemacht hat, darf ein Exkurs über die sowjetischen Speziallager (wie es sie in den Westzonen als Internierungslager der anderen Alliierten auch gab) nicht fehlen. Frisch und frei – auch fromm? – fabuliert Knabe laut Rezensent Rainer Eckert: »In den Speziallagern der sowjetischen Besatzungsmacht sieht Knabe nur relativ wenige NS-Belastete interniert, und er kommt zu dem Schluss, dass in ihnen die Überlebenschancen der Häftlinge geringer waren als in manchem nationalsozialistischen Konzentrationslager. Dem folgt die Erzählung über Deutsche im GULAG, über die ungerechtfertigten Verurteilungen durch sowjetische Militärtribunale und allgemein über den Terror Stalins gegen Andersdenkende.

Zusammengefasst münden diese Ausführungen in der These, dass die sowjetische Führung kein Interesse an der Bestrafung der eigentlichen Kriegsverbrecher gehabt habe, sondern nur die Durchsetzung stalinistischer Herrschaftsmethoden in ihrem Machtbereich betrieb.«

Wer waren die »eigentlichen Kriegsverbrecher«? Auch die Flick und Krupp, die in Nürnberg angeklagt waren? Waren ihre Enteignung nach dem Volksentscheid vom 30. Juni 1946 und der Entzug ihrer Machtgrundlage eine Bestrafung oder ein Schritt zur »Sowjetisierung«? Hatten nicht auch Adenauer und Schumacher die Entmachtung dieser Steigbügelhalter Hitlers gefordert? Brächte nicht der Vergleich der Behandlung von Kriegsverbrechern in Ost und West einen Erkenntnisgewinn?

Rainer Eckert kann nicht umhin, einiges an Knabes Text zu tadeln. »Ärgernis und Irrtum« sei Knabes »individualisierender Ansatz«, wonach sich im Osten – im Unterschied zum Westen – niemand befreit gefühlt hätte.

Unschön findet der Rezensent auch, dass immer wieder eine »angemaßte Überlegenheit« gegenüber den »primitiven Russen« durchschimmere.

Vor 1945 war das die rassistische These von der »Minderwertigkeit der slawischen Rasse«.

Schließlich befürchtet Eckert, »dass Knabes Ausführungen Munition für Rechtsradikale sein könnten«, was aber im Interesse der Wahrheit in Kauf genommen werden müsse.

Vermutlich wird sich Knabe dann an irgendeiner »Aktion im Kampf gegen rechts« beteiligen.

Eckert beklagt auch »kleinere Irrtümer«, zu denen die Behauptung gehört, »dass jeder dritte Deutsche in den Ostgebieten die Besatzung nicht überlebte oder dass ca. 1,4 Millionen deutsche Mädchen und Frauen östlich von Oder und Neiße vergewaltigt worden wären«.

Und was rät der wackere Rezensent demjenigen, der »Opfer«zahlen aus dem Hut zaubert?

»Hier wäre mehr Vorsicht geboten gewesen, da Schätzungen und Hochrechnungen nicht solide

Forschungsarbeit ersetzen können.« Also »Vorsicht«, Herr Knabe – beim nächsten Mal.

Da ist abschließend zu fragen: Ist denn Knabe angetreten, um »solide Forschungsarbeit« zu leisten? Wird er dafür bezahlt? Wird sein Buch besser, wenn er auf die »kleineren Irrtümer« (die einen »normalen« Historiker den Hals kosten würden) verzichtet hätte?

Gehört nicht Knabe mit diesen Methoden, die Goebbels vor Neid erblassen lassen würden, zum »Kernbestand« neudeutscher verantwortungs- und skrupelloser Geschichtsschreibung?

Mag das jeder selbst prüfen.

Wer sich bemüht, Rationales in Knabes Bemühen zu entdecken, darf nicht an früheren Arbeiten vorbeigehen, zum Beispiel Knabes »Die unterwanderte Republik« und »Der diskrete Charme der DDR«.[68]

Nach Knabe hatte die »Stasi« die alte Bundesrepublik »unterwandert« und die »Westmedien« schon fest in der Hand gehabt. Wer Knabes Sicht teilt, müsste zu dem Schluss kommen, die alte Bundesrepublik sei ein Ameisenhaufen gewesen, in dem die »Stasi« fleißige und erfolgreiche Arbeit geleistet habe. Warum es dann aber trotzdem die DDR erwischt hat, bleibt unerfindlich.

Angesichts der Rolle, die Dr. Hubertus Knabe beim Thema »Hohenschönhausen« spielt, lässt es sich nicht vermeiden, einen kurzen Blick auf seine Biographie zu werfen.

Knabe wurde 1959 in Unna geboren, nachdem seine Eltern aus der DDR dorthin übergesiedelt waren.

Der Vater war Mitbegründer der Grünen und von 1987–1990 für diese Partei im 11. Bundestag. Unter

Missbrauch seiner Immunität hat er »Dissidenten« in der DDR unterstützt.

Hubertus ist der Name des Schutzheiligen der Jäger, aber Hubertus Knabe musste nicht zum Jagen getragen werden.

So wirkte er als Pressesprecher der Grünen in Bremen, promovierte in Budapest über den Vergleich der Umweltpolitik Ungarns und der DDR, wurde Anfang der neunziger Jahre Studienleiter an der Westberliner Evangelischen Akademie, die ihn nach 1990 als Lektor nach Ljubljana schickte.

Von 1992 bis 1998 arbeitete er in der Forschungsabteilung der Gauck-Behörde. Nach heftigem Streit über Urheberrechte schied er aus, um danach wissenschaftlicher Direktor der Gedenkstätte Hohenschönhausen zu werden.

Der Eklat in der Gauck-Birthler-Behörde war entstanden, als Marianne Birthler das Buch »Der diskrete Charme der DDR« verhindern wollte. Birthler hatte Knabe den Missbrauch interner Kenntnisse und Verstöße gegen den Datenschutz vorgeworfen.

»Der Spiegel« (14/2001, S. 126) beschrieb den unappetitlichen Vorgang. Knabe hatte »Intimdaten« verwendet, um bundesdeutsche »Handlanger des DDR-Geheimdienstes« anzuprangern. Zu den Verleumdeten gehörte Manfred Bissinger, der das Imperium Axel Springers durchleuchtet hatte.

Schon 1999 hatte Hubertus Knabe mit »Die unterwanderte Republik. Stasi im Westen« Sympathisanten der DDR-Politik an den Pranger gestellt.

Karl Wilhelm Fricke hat in seiner Rezension im »Deutschland Archiv« (1/2000, S. 115f.) die Frage, ob im Lichte von Knabes Arbeit die Geschichte der früheren Bundesrepublik neu geschrieben werden müsste, verneint. Er wollte auch nicht entscheiden, ob es »klug und kollegial« gewesen sei, wenn Knabe den Bericht mehrerer Autoren für die Eppelmann-Kommission monopolisiert, aber auch hier heiligt der Zweck die Mittel. Im Ziel – Verteufelung der DDR – sind sich Knabe, Birthler, Fricke und Co. einig.

Die Arbeiten Knabes sind schon deshalb unseriös, weil bundesdeutsche Geheimdienstmaterialien nicht zugänglich sind und die ideologische Diversion bundesdeutscher Medien gegen die DDR nicht untersucht wird.

---

6. *»Du sollst nicht falsch Zeugnis reden wider Deinen Nächsten!«*

(Das achte Gebot)

»Birthler prüft die Berliner Lehrpläne.«

Das ist der Titel eines Artikels, den Tobias Miller in der »Berliner Zeitung« vom 18. September 2002 veröffentlichte. Nach dem Grundgesetz ist Bildungspolitik Ländersache. Der Leser darf also davon ausgehen, dass Marianne Birthler per Amt auch für die Bildungspolitik der Hauptstadt zuständig ist.

Was also hat Marianne Birthler nach Prüfung der Berliner Lehrpläne als »versäumte Lektionen« festgestellt? Die Schüler in Ost und West wissen zu wenig über die DDR, die SED-Herrschaft, die Verfolgung Andersdenkender durch das Ministerium für

Staatssicherheit, Meinungsmanipulation und Unterdrückung. Zwar könnte jemand einwenden, Anschauungsunterricht in Meinungsmanipulation in höchster Qualität erleben die Schüler täglich, aber Birthler meint die finstere DDR-Vergangenheit, nicht die für sie strahlende BRD-Gegenwart. Aber Hoffnung ist in Sicht. Im Rahmen der Koalition SPD/PDS sollen die Schulen enger mit der Birthler-Behörde zusammenarbeiten. Und nunmehr gibt es ein Angebot von »Stasi«-Experten für die Lehrpläne. Dazu gehört das Material »Politische Verfolgung in der DDR« am Beispiel »Die Zentrale Untersuchungshaftanstalt Berlin-Hohenschönhausen – das Gefängnis der Staatssicherheit«. Es ist ein Material, das sieben Arbeitsgruppenmitglieder vorbereitet haben und das seit 2004 zur Verfügung steht.

Es umfasst 131 Seiten und ist in fünf Abschnitte gegliedert. Der erste Abschnitt entführt in »Die Welt der Lager«, wobei es um die historischen Hintergründe der Welt des GULAG und seiner Häftlinge geht.

Die Experten für die Lehrpläne tadeln vor den Schülern, dass die Staatssicherheit Geständnisse anstrebte.

Die Behauptung, »von der Stasi angewiesene Ärzte pumpten sie (die Häftlinge) mit Medikamenten voll und quälten sie mit Elektroschocks«, ist eine infame Lüge oder eine Verwechslung mit Methoden von US-Vernehmern.

Hier ist nicht der Platz, um auf alle Unterstellungen in dem Angebot für die Schulen einzugehen.

Den Schülern wird das Lernziel angeboten, den Missbrauch der Psychiatrie zu verurteilen.

Nach langjähriger Tätigkeit von Untersuchungskommissionen, durchgeführten Ermittlungsverfahren und nach Überprüfung der Aussagen von in solchen Fällen immer auffindbaren »Opfern« (nicht einmal der ehemalige sächsische Innen-Minister Heinz Eggert, der solche Lügen öffentlich verbreitet hatte, konnte diesen Nachweis führen) musste offiziell eingestanden werden, dass es keinen Missbrauch der Psychiatrie in der DDR gegeben hat.

Anwürfe, das MfS habe Inhaftierte oder politisch missliebige Personen in Irrenanstalten »verschwinden« lassen, haben sich als völlig aus der Luft gegriffen, unwahr und verleumderisch erwiesen.

Selbst die Behörde der BStU räumte 1997 ein: »Die auf langwierigen Recherchen fußende Studie zeigt, dass es in der DDR, anders als gemutmaßt wurde, eine Psychiatrierung politischer Dissidenten nicht gegeben hat.« (BStU: Dritter Tätigkeitsbericht 1997, S. 67)

Auch die biographischen Angaben eines »jungen Wilden« und ein Exkurs zu den Verhörmethoden dürften nicht ausreichen, um den Schülern beizubringen, dass es in Hohenschönhausen furchtbare Haftbedingungen gab.

Inzwischen könnte das unheilige Einwirken der Gauck-Birthler-Behörde auf den Bildungsinhalt ein eigener Untersuchungsgegenstand werden.

Die Gedenkstätte Hohenschönhausen und das Landesinstitut für Schule und Medien (LISUM) gaben 2003 Unterrichtsmaterial für drei Schulstunden und für einen Projekttag heraus. Dafür schrieb Bildungssenator Böger das Vorwort. Zu den Lernzielen gehört, »den Zwangscharakter des Sowjetstaates ... als Grundlage des Lagersystems« zu erkennen bis zur Aufgabe, die »politische Verfolgung in der DDR« aus der »Perspektive der Opfer« zu betrachten.

Der Projekttag, der für 5 Stunden 15 Minuten geplant ist, soll die Haftbedingungen in Hohenschönhausen simulieren – bis hin zu Vernehmungsmethoden und zur Nutzung von Strohhalmen, an die sich Häftlinge verzweifelt geklammert hätten.

Wer das vorgegebene Szenarium prüft, muss sich ernsthaft fragen, welches Erziehungsergebnis gewollt ist.

Zu den ungesetzlichen Einwirkungen auf die Schule gehörte auch ein Schreiben Marianne Birthlers vom 26. Juni 2001 an die Kultusminister der Länder, in denen sie die Adressaten geradezu nötigte, »die Auseinandersetzung mit der SED-Diktatur« zu fördern, indem mit ihren Dienststellen, Materialien und Gedenkstätten gearbeitet werden sollte.

Die Umsetzung zum Beispiel der Erklärung des Kultusministers Sachsen-Anhalts, Prof. Dr. Olbertz, und Marianne Birthlers vom 4. September 2003 wäre ein nötiges Untersuchungsfeld.

Schüler, die denken lernen, werden selbst ihre eignen Schlüsse ziehen.

Gedruckt sind auch einige aufklärende und nachweisbare Fakten zum Thema »Birthler-Lehrpläne« über die materielle Versorgung und medizinische Betreuung von Beschuldigten in den UHA des MfS.

Die Beschuldigten erhielten eine auf ernährungswissenschaftlichen und medizinischen Erkenntnissen beruhende und den Normen entsprechende Gemeinschaftsverpflegung. Aus gesundheitlichen Gründen erfolgte auf Anordnung des Arztes eine speziell zubereitete oder zusätzliche Verpflegung.

Darüber hinaus gab es eine sogenannte Beschuldigtenzulage bei stationärer Unterbringung, Erkrankung an Diabetes und bei Einsatz von Beschuldigten für Dienstleistungs- und Versorgungsaufgaben.

Den Beschuldigten war es gestattet, auf eigene Kosten aus dem Angebot der UHA Waren des persönlichen Bedarfs (Nahrungsmittel, Tabakwaren, Kaffee, Tee usw.) zur eigenen Verwendung zu erwerben. Bis Ende 1989 durften bis zu 100 Mark monatlich ausgegeben werden.

Mittellosen Beschuldigten wurde Geld zur Verfügung gestellt. Der persönliche Einkauf war einmal wöchentlich gestattet.

Eine sicher unfreiwillige Darstellung der Lage in den UHA des MfS fand sich 1999 in einem Brief der »Opferverbände« an den damaligen Berliner Kultursenator, Peter Radunski. Dieser Brief wurde in »Die Welt« zitiert. Die Autoren führten darin Klage, dass bei einer Veranstaltung in der Gedenkstätte Hohenschönhausen ehemalige Inhaftierte erklären durften, sie hätten dort 10 bis 15 Kilo zugenommen und wären erst durch die »Wende« auf schlechtere Verpflegung heruntergesetzt worden. Mithin: Sie seien bis dahin gut verpflegt worden.

Nebenbei wurde in diesem Protestbrief auch noch die damalige Leiterin der Gedenkstätte scharf attackiert, weil sie erklärt hatte, dass das sogenannte U-Boot nur bis 1951, also nur unter sowjetischer Regie, genutzt worden sei.

Es war ihr letzter Auftritt. Sie wurde von der Funktion als Leiterin der Gedenkstätte Hohenschönhausen entbunden und durch einen »Westimport«, Hubertus Knabe, ersetzt.

Jede UHA des MfS verfügte über Einrichtungen zur ambulanten medizinischen Versorgung.

Für jeden Beschuldigten wurde eine Gesundheitsakte angelegt und geführt. Sie dokumentierte den Gesundheitszustand zum Zeitpunkt der Aufnahme in die Untersuchungshaftanstalt, die vor der

Inhaftierung in Anspruch genommene sowie die während des Vollzuges der Untersuchungshaft erfolgte medizinische Betreuung, den Gesundheitszustand zum Zeitpunkt der Entlassung oder Verlegung in eine Vollzugseinrichtung des Ministeriums des Innern.

In allen UHA des MfS war eine ständige medizinische Betreuung durch Fachpersonal gewährleistet und es bestanden Möglichkeiten zur regelmäßigen Inanspruchnahme eines Arztes. Bei Erfordernissen konnte der behandelnde Arzt entsprechende Fachärzte – auch aus dem staatlichen Gesundheitswesen – hinzuziehen.

Die Versorgung mit erforderlichen Heil- und Hilfsmitteln, Zahnersatz und Medikamenten entsprach den sozialversicherungsrechtlichen Bestimmungen und war in der DDR bekanntlich kostenlos.

Für den gesamten Untersuchungshaftvollzug des MfS wurden seit 1960 in mehreren Etappen medizinische Einrichtungen und ein Zentrales Haftkrankenhaus im Objekt Berlin-Hohenschönhausen aufgebaut.

Die Ersteinrichtung des Haftkrankenhauses, zu dem auch eine Bettenstation mit zehn Krankenzimmern und entsprechender Technik gehörte, erfolgte 1960 bis 1962. Von 1971 bis 1974 wurde es für 2,2 Millionen Mark erweitert. Danach verfügte das Haftkrankenhaus über zwei Stationen mit 21 Betten, sieben Notbetten sowie modernen Ausrüstungen für Diagnose und Therapie.

Den Besuchern der Gedenkstätte Hohenschönhausen kann das Haftkrankenhaus nicht gezeigt werden. Es wurde noch 1990 demontiert, die Einrichtung veräußert und das Innere des Gebäudes in einen unansehnlichen Zustand versetzt.

In diesen Rahmen der »Aufarbeitung« passt auch die Anklage gegen einen Arzt dieses Krankenhauses, der beschuldigt wurde, er habe psychisch kranke Personen während der Untersuchungshaft zur Einnahme von Medikamenten genötigt, die unter anderem ihre Aussagewilligkeit herbeigeführt hätten. Der Arzt musste vom Landgericht Berlin freigesprochen werden.

Das sind Fakten. Aber passen sie zum »Bildungsziel«, das Marianne Birthler festlegt?

---

7. »Und allzu straff gespannt, zerspringt der Bogen«

(Friedrich Schiller)

Bildungsarbeit am »authentischen Ort«

Ein Hauptteil der Arbeit einer Gedenkstätte ist die Besucherbetreuung. Das offiziell genannte Ergebnis lautet per Oktober 2004:

»Die Gedenkstätte verzeichnet seit ihrer Gründung beständig steigende Besucherzahlen. Während 1995 noch 7.000 Besucher pro Jahr kamen, waren es im vergangenen Jahr über 128.000, davon 55.000 Schüler. In diesem Jahr wird mit 135.000 Besuchern gerechnet. 85% der Besucher kommen in Gruppen, für die vielfach – zum Beispiel durch das Presse- und Informationsamt der Bundesregierung, also auf Kosten der Steuerzahler – kostenlose Fahrten nach Berlin, zum Teil auch noch mit Unterbringung, organisiert werden. So stammen nicht zufällig 75% der Besucher aus den alten Bundesländern.

Die Arbeit der Gedenkstätte wird von Bund und Land jährlich mit mehr als einer Million Euro unterstützt. Für den Umbau und die Einrichtung einer Dauerausstellung sind schätzungsweise 20 Millionen Euro erforderlich.«

Tausende Bürger, darunter viele Kinder und Jugendliche, werden Tag für Tag durch die »Zentrale Gedenkstätte« in der ehemaligen Untersuchungshaftanstalt des MfS in Berlin-Hohenschönhausen geführt. Was ihnen bei den Führungen erzählt wird, schildert auch Klaus Huhn in seinem »Vorweg«-Kapitel. Kern der »Erklärungen«: Die hier inhaftierten Menschen, die gegen das SED-Regime waren, seien von Mitarbeitern des MfS misshandelt und gefoltert worden. Man bezieht sich dabei immer wieder auf »Opfer-Zeitzeugen« von Hören und Sagen oder die nicht nachprüfbaren Aussagen der Museumsführer.

Wie sich das auswirkt, kann auch in der »Volksstimme« Magdeburg vom 9. Februar 2005 nachgelesen werden. 62 Schüler der 13. Klassen des Freiherr-vom-Stein-Gymnasiums Weferlingen sollte das Gruseln gelehrt werden: In sogenannten Steh- und Wasserzellen hätten die Inhaftierten oft tagelang ausharren müssen, ansonsten wären die Bedingungen in den Zellen ebenfalls mehr als unmenschlich gewesen, hier hätten sich lediglich eine Holzpritsche und ein Eimer für das Nötigste befunden. Das »U-Boot« der Untersuchungshaftanstalt sei die schlimmste Station im Keller des Gefängnisses gewesen. Kein Tageslicht, aber Kälte und Nässe hätten das Leben im Keller bestimmt – Krankheiten vorprogrammiert. Schlaf hätte es nicht gegeben, dafür seien die Häftlinge nachts in Vernehmungszimmern unter zusätzlichen psychischen und physischen Druck gesetzt worden. Ein Großteil (!) sei diesem Druck nicht gewachsen gewesen und sei im Gefängnis verstorben. Was es hieß, von der »Stasi« verhört oder inhaftiert zu werden, hätten die Gymnasiasten so am eigenen Leib (!) feststellen können.

Dieses Lernziel soll laut Lehrempfehlungen auch über bestimmte »Stationen« vermittelt werden. So sollen Schüler zum Beispiel das »Gefängnislied« von Pannach intensiv hören, um sich das Lebensgefühl in den Zellen vorzustellen, 15 Minuten Stillsitzen üben, um die Auswirkung auf Häftlinge am eigenen Körper nachvollziehen zu können, das Schreiben von Kassibern und von Briefen mit versteckten Mitteilungen ausprobieren oder Klopfzeichen erfinden und anwenden. Spätestens nach der 15-minütigen Stillsitz-Übung dürften der Mehrheit der Schüler die letzten Sympathien für »kommunistische Diktaturen« ausgetrieben worden sein. Bildung oder Verblödung? – das ist hier die Frage!

Nicht nur nach Darstellung der Museumsführer handelte es sich bei den insgesamt 10–11.000 Untersuchungshäftlingen in Berlin-Hohenschönhausen »selbstverständlich« um ungesetzlich und unter falschen Vorwürfen Inhaftierte. Auch dass die Sicherheitspolitik der DDR über weite Teile ein Reflex auf die Bonner Politik war, wird ausgeblendet. Es gab demnach keinen Kalten Krieg, keine existentielle Bedrohung der DDR, keine Spione, keine Sabotage, keine Einwirkungsversuche von außen. Jegliche überprüfbaren Angaben zu den in den Untersuchungshaftanstalten des MfS tatsächlich Inhaftierten bzw. den wahren Gründen ihrer Verhaftung (übrigens mit richterlichem Haftbefehl) werden wohlweislich verschwiegen, denn dann müsste doch eingeräumt werden, dass der Hauptteil der Beschuldigten solche Straftaten begangen hatte, wie Spionage- und Agententätigkeit, Diversion und Sabotage, Menschenhandel, Schleusertätigkeit, andere Bandenkriminalität, Kriegsverbrechen und Verbrechen gegen die Menschlichkeit oder terroristische Handlungen.

An Geschmacklosigkeit und Zynismus kaum zu überbieten ist, wie das Auftreten der Leipziger Thomaner am 29. November 2002 in der sogenannten »Zentralen Gedenkstätte Berlin-Hohen-schönhausen« instrumentalisiert und missbraucht wurde.

Ehemalige Häftlinge, also Straftatverdächtige und überführte Straftäter, die heute als »Opfer« gelten und als sogenannte »Zeitzeugen« agieren, führten die 60 Jungen im Alter von 10 bis 18 Jahren durch die Hafträume. Heuchlerisch wird in den Medien berichtet: »Die Opfer des SED-Regimes zeigten sich tief berührt, als die Thomaner vor den ehemaligen Zellen Choräle und Motetten von Bach und Brahms vortrugen.

Die Kinder und Jugendlichen waren ihrerseits sehr betroffen, als sie erfuhren, wie der Staatssicherheitsdienst seine politischen Gefangenen behandelte.«

Der Leiter der Gedenkstätte, Hubertus Knabe, bedankte sich mit den Worten: »Es war als hättet ihr die bösen Geister ausgetrieben.«

Wessen?

Die entscheidende Frage ist natürlich nicht, wie viele Besucher herangelockt (oder, wie für die DDR-Zeit manchen vorgeworfen wird, »herangekarrt«) wurden, sondern welche Wirkung mit antikommunistischen Klischees erreicht wird. Repräsentative Studien zu dieser Frage gibt es nicht.

Nach einem Bericht des »Neuen Deutschland« vom 8. Juni 2004 habe Hubertus Knabe gegenüber dem Regierenden Bürgermeister von Berlin, Klaus Wowereit, bei dessen Rundgang durch die Gedenkstätte die angestrebte Wirkung mit folgenden Worten plastisch gemacht: »Der ›Museumsführer‹ Mario Röllig habe seinen ehemaligen Vernehmer im Kaufhaus des Westens getroffen, zur Rede gestellt, eine Entschuldigung gefordert, sei dann aber zusammengebrochen.« Knabe dazu weiter: »Das kommt bei den Schülern immer ganz toll an.«

Auch bei den folgenden Überlegungen stütze ich mich auf Berichte von Besuchern, die ihren Bericht datiert und autorisiert haben, teilweise auch anonym bleiben wollen.[69]

Reinhard Fuhrmann sprach auf der Veranstaltung »Die enttäuschte Hoffnung auf Freiheit« am 18. Mai 2004 im Saal der BVV Pankow. Er resümierte, dass sich die Darstellungen zum sowjetischen Internierungslager auf insgesamt 49 Personen beziehen. Das Schicksal aller 49 ist nachzuweisen.

Unter den Verhafteten gab es Nazifunktionäre, Werwolfverdächtige und Organisatoren antisowjetischer Aktivitäten.

Fuhrmann beschrieb auch einige Fälle von Misshandlungen durch vernehmende Sowjetoffiziere. Er fasste zusammen: »Die Zeitzeugen aus der Stasi-Zeit überliefern keine systematischen Misshandlungen bei den Vernehmungen.«

Wer die Phantasie hat, sich auszumalen, welche Erfahrungen die sowjetischen Vernehmer unter der deutschen Okkupation gemacht hatten, müsste erstaunt sein.

Es gibt auch einen anderen Bericht über dieselbe Veranstaltung am 18. Mai 2004, zu dessen Mitunterzeichnern Marianne Birthler gehörte. Er brachte nichts Neues, außer der Aufgabenstellung, nämlich:

»a. den historischen Ort der ehemaligen Verhör- und Haftstätte zu markieren,
b. an das Unrecht, das den Inhaftierten zugefügt wurde, insbesondere die Verletzung von Rechtsstaatsprinzipien und die unmenschlichen Haftbedingungen, zu erinnern,
c. exemplarisch die Verfolgung durch die sowjetischen und die DDR-Organe in ihren komplexen historischen Zusammenhängen zu veranschaulichen,
d. die Urteilskraft für politische Auseinander-setzungen in der Gegenwart zu stärken und zur Verantwortung für die Menschenrechte und zum Respekt vor dem Leben und der Freiheit eines jeden Einzelnen aufzurufen.«

Ein dritter Bericht stammt von Oberstleutnant a. D. Diplom-Jurist Herbert Kierstein, der als Mitarbeiter der Hauptabteilung Untersuchung in Hohenschönhausen gearbeitet hatte und am 19. November 2003 mit einem USA-Agenten, der in der DDR verurteilt gewesen war, die Gedenkstätte besuchte.

Der vierseitige Bericht konzentriert sich darauf, die Unwahrheiten und Verleumdungen zusammenzutragen, die Herr Rührdans (in dem von Huhn verwendeten Zitat aus der »BZ« Rührdanz) den Teilnehmern des Rundgangs zumutete.

Seine Legitimation begründete Rührdans damit, dass er 1963/64 Untersuchungshäftling, danach Strafgefangener in Hohenschönhausen gewesen sei, der als Handwerker gearbeitet habe. Sein Martyrium in der Untersuchungshaft habe nach seiner eigenen Darstellung darin bestanden:

- Bei der Geburt seines Sohnes (Datum nicht genannt) ergaben sich wegen einer Quer- und zusätzlichen Steißlage erhebliche Komplikationen.
- Der im Kreißsaal verantwortliche Arzt (Ort und Name des Arztes nicht genannt) habe den Kreißsaal vorzeitig verlassen, nachdem ihm telefonisch mitgeteilt wurde, dass für ihn Baumaterial eingetroffen sei.
- In Folge des verantwortungslosen Handelns des Arztes erlitt sein Sohn bei der Geburt so schwerwiegende Schädigungen, dass ihm später eine künstliche Speiseröhre und ein gesonderter Magenausgang eingesetzt werden mussten.
- Mitverantwortlich sei auch die DDR, weil durch den Mauerbau notwendige Medikamente aus Westberlin nicht beschafft werden konnten.
- Nachdem die Berliner Charité, wohin er seinen Sohn gebracht hatte, nicht in der Lage war, eine erfolgversprechende Behandlung durchzuführen, habe die „Stasi" (MfS) seinen Sohn zur Behandlung nach Westberlin verbracht.
- Ihm selbst jedoch sei verwehrt worden, seinen Sohn in Westberlin zu besuchen.

Zweifellos handelte es sich um eine tragische Leidensgeschichte, die durch die Bedingungen des Kalten Krieges zusätzlich kompliziert wurde. Wie viele solcher und ähnlicher Geschichten gab und gibt es?

Was haben sie mit der Funktion einer Haftanstalt zu tun?

Oberstleutnant Kierstein folgte dann der Führung ins Kellergeschoss des Gebäudes, das er selbst 1961 als Verwaltungsgebäude kennen gelernt hatte. Wir folgen seiner Darstellung:

»Zu der Zeit meiner Tätigkeit in der HA IX/1 befanden sich in dem besagten Kellergeschoss eine Großküche und zugehörige Lagerräume. Die dienten der Versorgung des Mitarbeiterbestandes Hauptabteilung IX und der Abteilung XIV.

Als wir unter Führung von Herrn Rührdans dieses Kellergeschoss (in Reklamematerialien der Gedenkstätte Berlin-Hohenschönhausen als »U-Boot« bezeichnet) betraten, hatte ich das Empfinden, in einem falschen Film zu sein. Alles umgebaut und zu einem Gruselkabinett mit mittelalterlich wirkenden Folterzellen umfunktioniert! Nach Ausführungen von Herrn Rührdans erfolgte der Umbau auf der Basis von Bekundungen eines Karl-Heinz Reuter, welcher 1947 als Jugendlicher durch das NKWD/KGB wegen Werwolftätigkeit (Terror gegen Einrichtungen oder Angehörige der sowjetischen Besatzungsmacht – Anm. d. A.) inhaftiert wurde.

Herr Reuter ist offensichtlich die einzige Person von angeblich mehreren zehntausend in der Zeit von 1945 bis 1951 in Hohenschönhausen Inhaftierten, auf die für die Gestaltung des Gruselkabinetts zurückgegriffen wurde. Für jeden Historiker wäre ein solches Vorgehen suspekt.«

Auch die zeitweilige Leiterin der Gedenkstätte, Frau Camphausen, zweifelte die Seriosität der Angaben des Herrn Reuter an. Sie hatte nicht die Kraft, die Widerstände der Opferverbände und Scharfmacher in der BVV und dem Senat zum Erhalt dieses »entscheidenden« Gruselbeweises zu überwinden.

Rührdans hatte noch manche Horrorstory auf Lager. So zeigte er eine Gummizelle, wie sie auch in west-deutschen Haftanstalten bei psychischen Störungen verwendet wird.

Probleme mit aus unterschiedlichsten Gründen tobenden Gefangenen (Drogen- und Alkoholentzug, psychische Krankheiten, »Haftkoller« usw.) treten vermutlich in vielen Haftanstalten der Welt auf. Die Ruhigstellung solcher Häftlinge ist in deren eigenem Interesse und zum Schutz von Mitgefangenen und Aufsichtspersonal erforderlich. Es handelt sich dem Wesen nach um ein psychiatrisches Problem, deshalb war in Hohenschönhausen bei solchen Maßnahmen immer auch ein Arzt beteiligt. Davon zeugt auch eine von Frau Paul, der geschiedenen Ehefrau von Herrn Rührdans, die ebenfalls in Hohenschönhausen inhaftiert war, in der Gummizelle wahrgenommene Fesseljacke. Der Sinn von Gummizellen ist demzufolge der gleiche wie in psychiatrischen Krankenhäusern.

Bei der Gummizelle handelte es sich also um keine Folterzelle und auch nicht – wie unterstellt wird – um eine Arrestzelle.

Der Arrest wurde bei Verstößen gegen die Anstaltsordnung verhängt, in einer normalen Haftzelle vollstreckt, aber bei verschärften Haftbedingungen (hartes Lager, reduzierte Verpflegung, Wegfall aller Vergünstigungen und des Freigangs).

Frau Paul ist eine gefragte Kronzeugin in Sachen UHA Hohenschönhausen. So behauptet sie, sie habe 1964 mehrfach Blut und Urin aufwischen müssen – in einer Zelle, die erst 1974 gebaut wurde.[70] In einem ihrer Fernsehauftritte reduzierte sie die Zahl solcher Vorkommnisse dann vorsichtshalber auf eines.

Herr Rührdans trat auch mit anderen unhaltbaren Behauptungen auf:

- Vom Untersuchungsführer sei es abhängig gewesen, ob ein Untersuchungshäftling duschen durfte.
- Der Untersuchungsführer habe darüber entschieden, ob ein Untersuchungshäftling zum Hofgang in die Freizelle zugelassen wurde.
- Es sei vom Untersuchungsführer abhängig gewesen, ob der Untersuchungshäftling in seiner Zelle Raucherlaubnis erhielt.
- Der Untersuchungsführer hätte das Recht gehabt, gegen einen Untersuchungshäftling bis zu 21 Tage Arrest zu verhängen etc.

Keine dieser Behauptungen ist wahr. Untersuchungsführer hatten dieses Recht nicht.

Im Hinblick auf die Integrität und Wahrheitsliebe von Rührdans müssten eine Reihe von Fragen mit Akribie untersucht werden, die Herbert Kierstein stellt, die aber eine gesonderte Beantwortung erforderten.

Bemerkenswert und erstaunlich ist, dass die (einzige) Kronzeugin für die bereits zitierte australische Journalistin Anna Funder eben jene Sigrid Paul geschiedene Rührdans ist. Ihre Erzählungen enthalten dieselben Unwahrheiten wie sie ihr Ex-Mann den Besuchern der Gedenkstätte auftischte, auch die Legende vom »U-Boot« und den Zellen, die mit eisigem Wasser bis zum Hals gefüllt worden seien.[71]

Zur Sache muss festgestellt werden, dass die »rekonstruierten« Zellen nach den Zeichnungen von Reuter nachträglich 1993 eingebaut worden sind, dass Reuter – wie auch von Knabe im Buch »Der verbotene Stadtteil« bestätigt wird – weiterhin der einzige Zeuge dafür ist und dass das Ganze tatsächlich nur von ihm selbst mit dem eigenen Stempel beglaubigt, also in keiner Weise beurkundet wurde.

In das Fach »Dichtung« gehören auch Behauptungen von »Zeitzeugen«, es sei mit Heißluft und blendenden Scheinwerfern »gefoltert« worden. Derlei Technik war nie vorhanden. Andere wollen in der U-Haft mit »Karabinern« traktiert worden sein. Aber: Weder das Aufsichtspersonal noch die Untersuchungsführer in den UHA durften Waffen tragen – und das galt für alle UHA der DDR. Mit etwas nicht Vorhandenem konnten sie wohl schwerlich »traktiert« worden sein.

Auch Politiker und Journalisten sowie Vertreter von »Opferverbänden« werden nicht müde, zu behaupten, das MfS habe Inhaftierte gefoltert und misshandelt. Lügen werden aber durch stete Wiederholung nicht zu Wahrheiten. Wohl aber bleiben sie »hängen«. Und das scheint auch die Absicht.

Die Gruselgeschichten aus dem Kabinett Hubertus Knabes bleiben nicht ohne Wirkung. Susanne Fritsche, zum Zeitpunkt des »Mauerfalls« zehn Jahre alt, schrieb 2004 das Buch »Die Mauer ist gefallen. Eine kleine Geschichte der DDR«. Sie bekundet selbst, ihr Bild sei durch den Besuch von »Gedenkstätten« wie Hohenschönhausen entstanden.

»Genau die Sicht des dort residierenden DDR-Hassers Hubertus Knabe legt sich wie ein Grauschleier über alles, was sie dem Leser rückblickend über ihr Leben in der DDR erzählt«, urteilte der Theologe Peter Franz in einer Rezension.[72]

8. »Das Recht wohnet beim Überwältiger, und die Schranken unserer Kraft sind unsere Gesetze«

(Friedrich Schiller)

»›Unschuldige‹ unter oftmals unmenschlichen Haftbedingungen«?

In ihrer Selbstdarstellung begründet die Gedenkstätte Hohenschönhausen die Notwendigkeit ihrer Existenz damit, dass sie an »Unschuldige« erinnert und an Häftlinge, die unter »oftmals unmenschlichen Haftbedingungen« zu leiden hatten. Das ist ein hehrer Anspruch. Aus ihm müsste folgen, dass das Leiden Unschuldiger und unmenschliche Haftbedingungen vermutlich in allen Staaten der Welt und nahezu jeder Haftanstalt dokumentiert werden müssten. Gibt es außer der Gleichheit vor dem Gesetz auch eine Gleichheit bei der Erinnerung an unschuldige Opfer?

Wenn es so ist, darf festgestellt werden:

Die Deutschen sind ein einzig Volk von unschuldigen Opfern, an die in Gedenkstätten zu erinnern ist.

Frau Funder, die schon zitierte australische Journalistin, fand in Berlin Frau Paul und ihren Mann, die fünf Jahre in Hohenschönhausen eingesessen hatten.[73]

Sie waren angeklagt, weil sie Bürgern der DDR zum Verlassen der Republik mit Rat und Tat wesentliche Hilfe geleistet haben. Eines Tages lud Frau Paul die australische Journalistin zur Besichtigung der Haftanstalt ein. Sie sah ein »Gebäude, umgeben von hohen Betonmauern und Stacheldraht«.

Haftanstalten sehen in Australien natürlich anders aus. Sie sah im Hof einen LKW, einen »soliden Stahlkäfig ohne Fenster«, später schloss sie eine Stahltür auf und Frau Paul half der Phantasie nach: »Sie müssen sich vorstellen, dass hier ein Mann mit einem Maschinengewehr stand.«

Frau Paul erzählte Anna Funder auch noch von den Folterkammern der Sowjets, dem »U-Boot« und 68 Zellen, die mit eisigem Wasser bis zum Hals gefüllt werden könnten. So entstand – in der Phantasie – eine »Folterhölle«.

Solche Beschreibungen, Erinnerungen, Erzählungen sind inzwischen massenhaft verfügbar.

Werden sie weltweit Nachahmung finden?

Da musste die Journalistin Anna Funder aus Australien bis nach Berlin reisen, um ihre vernichtende Kritik an diesem Befund in dem preisgekrönten Buch »Stasiland« zu verkünden.[74]

Ich breche die Aufzählung ab, denn wir schreiben über Hohenschönhausen.

Kommen wir nun zu den Foltervorwürfen in Hohenschönhausen.

Einer der Vorwürfe lautete:

»Das ist das berüchtigte Stasigefängnis, die Leitanstalt sozusagen. Die Folterkeller sind direkt von den Nazis über die Sowjets an die Stasi übergeben worden. ... Und da drüben in der Betonfabrik sollen sie die Leichen eingegossen haben«, verkündete die damalige Bezirksbürgermeisterin von Hohenschönhausen. »Nicht zu vergessen«, fügte sie hinzu, »knöcheltief im Wasser haben die Häftlinge dort im berüchtigten U-Boottrakt gestanden. ...«[75]

Das »U-Boot«, ein »Gebäudetrakt (das Kellergeschoss einer ehemaligen Fabrik) war 1951 durch das MfS von den sowjetischen Besatzungsbehörden leer übernommen worden. Dabei erfolgte weder eine Übergabe von Dokumenten über die Tätigkeit der vorherigen Nutzer noch von den vorher Inhaftierten.

Gegenteilige Behauptungen sind so unwahr wie die unverschämte Behauptung, Häftlinge seien dort ermordet und ihre Leichen auf dem Gelände beseitigt worden.«[76]

Vor allem anderen aber: Hätten sich nicht BRD-Staatsanwälte und Richter in Ermittlungen und Verfahren gestürzt, wenn auch nur vage Spuren für Folter beim MfS gefunden worden wären? Hätte nicht der Riesenapparat, der angeblich die DDR-Regierungskriminalität zu untersuchen hatte, diesem Thema vorrangig Aufmerksamkeit schenken müssen? Sieht man von den Fällen ab, wo ohne Rechtsgrundlage angeklagt wurde und schließlich Freispruch oder Verfahrenseinstellung folgten, gibt es keinen einzigen Fall einer Verurteilung wegen Ermordung, Folter oder Misshandlung eines Inhaftierten im Untersuchungshaftvollzug des MfS. Und sollte irgendetwas übersehen worden sein, käme § 258 des Strafgesetzbuches in Betracht: »Wer absichtlich oder wissentlich ganz oder zum Teil vereitelt, dass ein anderer dem Strafgesetz gemäß wegen einer rechtswidrigen Tat bestraft oder einer Maßnahme unterworfen wird, wird mit einer Freiheitsstrafe bis zu fünf Jahren oder mit Geldstrafe bestraft.«

Noch härter sind die Strafen wenn es sich um eine »Strafvereitelung im Amt« (§ 258 a) handelt und die wäre hier fällig.

In dem Gespinst von Unterstellungen und Unwahrheiten wird häufig der Städtische Friedhof in der Hohenschönhausener Gärtnerstraße mit der

Gedenkstätte Hohenschönhausen in Verbindung gebracht.

Auf diesem als »Denkort« gestalteten Friedhof wurden im Dezember 1999 die sterblichen Überreste von 132 Verstorbenen bestattet, die angeblich auf dem Gelände der ehemaligen Untersuchungshaftanstalt und in dessen Umgebung gefunden worden seien. Es bleibt aber offenbar unklar, um wen es sich bei den Bestatteten tatsächlich handelt und wodurch ihr Tod verursacht wurde.

Der schon genannte Karl-Heinz Reuter, der nach eigenen Angaben 1945 wegen Werwolf-Verdachts inhaftiert war, will aus der Erinnerung mit Skizzen damals existierende Folterzellen beweisen. Er ließ sich einen Stempel schneiden, der das Datum des 28. Mai 1990 (!) trägt. Mit dem »siegelte« er seine Handzeichnung und dieses »Dokument« wird in Hohenschönhausen allen Ernstes als »Beweis« dafür betrachtet, dass es diese Zelle gab.

Obwohl selbst die frühere Leiterin der Gedenkstätte Hohenschönhausen Zweifel an der Existenz von »Folterzellen« anmeldete, sahen weder sie noch ihr Nachfolger bisher Anlass, auf die offenkundige Geschichtsfälschung zu verzichten.

Im Vorfeld der Auflösung des MfS wurden durch Bürgerrechtler alle Untersuchungshaftanstalten in Augenschein genommen und kontrolliert. Es wurden weder Folterzellen gefunden noch Personen ermittelt, die deren Existenz glaubhaft bezeugen konnten.

Noch einmal: Die jetzt in Hohenschönhausen gezeigten wurden nach 1990 installiert. Also: Kein einziger Fakt, der Folterpraxis in Hohenschönhausen bestätigen könnte.

Hinzu kommt: Die Haftanstalten der DDR wurden ständig von BRD-Diensten kontrolliert, BRD-Diplomaten besuchten sie regelmäßig.

Mitarbeiter von Auslandsvertretungen – und eben nach 1974 auch der Ständigen Vertretung der BRD in der DDR – führten eine Vielzahl von Gesprächen mit von ihnen betreuten Beschuldigten in den UHA des MfS. Die Mitarbeiter der Ständigen Vertretung der BRD beantragten von 1974 bis 1989 insgesamt 3.400 Besuche bei inhaftierten Beschuldigten. Alle Anträge wurden genehmigt. Es gibt keine Aufzeichnungen über Beanstandungen in dieser Zeit.

Auch von den rund 32.000 Inhaftierten, die auf der Grundlage der getroffenen Vereinbarungen in die BRD entlassen wurden – der Ordnung halber sollte erwähnt werden, dass die Praxis finanzieller »Vergütungen« für Entlassungen durch einen Vorschlag kirchlicher BRD-Kreise zu Stande kam –, sind keine erwähnenswerten Beschwerden in dieser Richtung bekannt geworden. Dass solche Vorwürfe als »Beweise« für die »unmenschliche« Haltung der DDR schon vor 1990 für die konstante antikommunistische Hetze genutzt worden wären, liegt auf der Hand.

Es ist bekannt, dass in der Regel alle jemals beim MfS Inhaftierten, die danach in die BRD ausreisten, über ihre Haftzeit und Haftbedingungen auch von Geheimdiensten und anderen staatlichen Stellen intensiv befragt wurden. Einzelne Gräuelgeschichten erwiesen sich stets als Lügen. Auch die umfangreichen Akten der Zentralen Erfassungsstelle Salzgitter sind offenkundig im Zusammenhang mit dem MfS wenig aussagefähig.[77]

Hinzu kommt, dass Inhaftierte einen Verteidiger ihrer Wahl bestimmen konnten, um sich gegen falsche Beschuldigungen zu wehren.

Zur Illustration eine Passage aus den Erinnerungen von dem in der DDR und in der BRD bekannten Rechtsanwalt Friedrich Wolff:

»Einen Tag nach der Akteneinsicht suchte ich meinen Mandanten in der UHA des MfS in der Magdalenenstraße in Berlin-Lichtenberg auf. Das Regime war äußerst diszipliniert und disziplinierend. Von der Atmosphäre des einstigen Amtsgerichtsgefängnisses war nichts mehr zu spüren. Alles verlief ruhig, höflich und distanziert – auch wenn man sich über Jahr und Tag kannte.

Die äußeren Bedingungen bei Mandantengesprächen waren Weltspitze: In keinem anderen ausländischen Gefängnis, das ich kannte, wurde Gleiches geboten. Zeitliche Beschränkungen gab es für die Unterredungen (mit Beschuldigten – Anm. d. A.) nicht.«[78]

Aber ungeachtet aller Tatsachen wurden die Legenden über Hohenschönhausen konsequent weiter verbreitet.

Als der SFB am 29.November 2002 in seinen Abendnachrichten über den Auftritt des Thomaner-Chores in der Gedenkstätte Hohenschönhausen berichtete, wurde der staunenden Öffentlichkeit auch eine der »rekonstruierten« Wasserfolterzellen gezeigt. Die Häftlinge hätten sich über einen eimerähnlichen Trog beugen müssen, während aus einem Gefäß Wasser auf ihren Kopf getropft sei.

Diese Geschichte wird täglich erzählt. Ein gewisser Peter Hellström, der die Führung zum Beispiel am Nachmittag des 7. Juli 2004 leitete, offenbarte den Anwesenden allen Ernstes, dass schon Karl

May beschrieben hätte, wie Menschen durch dieses Tropfverfahren in den Wahnsinn getrieben worden seien.

Jeder halbwegs Literaturkundige weiß, dass Karl Mays Texte ausnahmslos der Phantasie entsprangen und er schon deshalb als Kronzeuge kaum in Frage kommt.

Man hatte in Hohenschönhausen keine Hemmungen den May-Text ins Feld zu führen:

»... ›Bindet ihn anders, so dass er auf dem Rasen sitzt und mit dem Rücken an dem Stamme lehnt. Bindet ihm auch den Kopf fest, so dass er ihn nicht um ein Haar bewegen kann.‹

Während die beiden Indianer dieser Weisung gehorchten, holte ich den hohlen Teil eines Tagoarabambus herbei, welcher in der Nähe lag und wohl als kleines Wassergefäß benutzt worden war. Dieser hohle Cylinder war vielleicht zehn Centimeter im Durchmesser. Ich arbeitete mit der Messerspitze ein kleines Löchelchen durch den Boden und verschloss dasselbe dann mit einem Holzpflöckchen in der Weise, dass das Wasser nur in einzelnen, langsamen Tropfen hindurchquellen konnte.

Der Diener musste das Gefäß mit Wasser füllen, und dann wurde es hoch über dem Kopfe des Yerno an den Stamm gehängt. Ich hatte es so getroffen, dass vielleicht alle vier Sekunden ein kleiner Tropfen drei Ellen hoch auf die Mitte des Schädels des Yerno fiel. Dann rasierte ich mit der Schärfe meines Bowiemessers das Haar von dieser Stelle ...

›Diese Wassertropfen sollen das erwirken, was die Prügel nicht zustande gebracht haben?‹

›Ja, das werden sie!‹ ...

›Nennen Sie das Gefühl, welches der Tropfen hervorbringt, einen Schmerz?‹

›Nein, aber eine unausgesetzte Folge von Tropfen, welche nacheinander auf ein und dieselbe Stelle fallen, bringt eine Wirkung hervor, mit welcher sich kein anderes Schmerzgefühl vergleichen lässt. Die Wirkung muss, wenn sie nicht rechtzeitig unterbrochen wird, unbedingt zum Wahnsinn führen. Haben Sie noch nicht gehört, dass die amerikanischen Sklavenbesitzer diese schreckliche Strafe gegen ungehorsame Schwarze oft und viel in Anwendung brachten?‹

›Nein.‹

›Nun, ich bin Zeuge solcher Vorgänge gewesen. Ich habe einen Neger und eine Negerin, seine Frau, in der sogenannten Tropfhütte sitzen sehn, beide waren so gefesselt, dass sie weder ein Glied, noch den Kopf bewegen konnten, und die Tropfen fielen ihnen in regelmäßigen Intervallen auf die Köpfe. Sie brüllten wie wilde Tiere, und der Schaum triefte ihnen über die Lippen. … Gesehen habe ich da, welche entsetzliche Wirkung die Tropfhütte oder der Tropfstuhl hat. Es wird keine Stunde vergehen, so können Sie die Wirkung an dem Yerno beobachten.‹ …

Über die Züge des Gefangenen ging ein höhnisches Zucken, als ob er sagen wolle, dass das Peitschen ja schon einmal nichts gefruchtet habe, und dass er sich auch jetzt aus den Prügeln nichts machen werde. Aber der Hohn verschwand ebenso schnell wie er gekommen war. Der Yerno kämpfte bereits mit aller Kraft gegen die sichere, unausbleibliche Wirkung der Wassertropfen. … Die Töne, welche er ausstieß, waren nicht zu beschreiben. ›Men! Nehmen Sie das verdammte Wasser weg!‹

Das war nicht die Art und Weise, welche mich hätte bewegen können, ihm den Willen zu tun. Aber der Desierto schob das Gefäß zur Seite.

›Geben Sie mir die Hände frei!‹, fuhr der Yerno fort. ›Ich muss an meinen Kopf greifen, ich muss!‹

›Soll ich?‹, fragte der Alte, indem er sich bereits bückte, um das an ihn gerichtete Verlangen zu erfüllen.

›Nein‹, antwortete ich, indem ich ihn auf die Seite schob. ›Er mag erst gestehen.‹

Das Gesicht des Yerno hatte jetzt ein erdfahles Aussehen, seine Lippen waren blutig gebissen, und vom Blute strotzten die Adern seiner Augen.

Bei diesen Worten schob ich das Gefäß wieder an die vorige Stelle, so dass die Tropfen ihn wieder auf den Kopf trafen.

›Nur das nicht‹, schrie er auf. ›Nur das nicht wieder! Nehmen Sie das Wasser weg! Ich will ja gestehen. Aber das Wasser weg!‹«[79]

Ohne Museologen und Historiker zu konsultieren, hat die Berliner Senatsverwaltung für Wissenschaft, Forschung und Kultur die von Reuter Karl May nachempfundene Foltereinrichtung 1993 im ehemaligen »U-Boot« zum Teil nachbauen lassen. Durch die intensive emotionale Wirksamkeit prägen diese Installationen, denen wegen deren Realitätsferne selbst Reuter skeptisch gegenübersteht, heute maßgeblich das Bild Tausender Gedenkstättenbesucher von der Untersuchungshaft unter NKWD/KGB und MfS.[80]

Und in die Fußnote 74 verbannte Peter Erler die Abschrift eines Interviews mit Jöris vom 13. Dezember 1996:

»Quellenkritisch soll angemerkt werden, dass Jöris die im Interview erwähnte Zelle als Karzer und nicht als Folter-, Wasser-Tropfzelle bezeichnet. Es muss auch berücksichtigt werden, dass Jöris im August 1996 erstmalig die Gedenkstätte Berlin-Hohenschönhausen besuchte und dort die Nachahmungen der Folteranlagen in den Zellen sah. In den Protokollnotizen der ABS-Brücke vom 12. und 14. 8. 1996 wird im Gegensatz zum Interview noch behauptet, dass Jöris stundenweise der Tropffolter ausgesetzt war. In einem weiteren Gespräch mit einem Historiker aus der Schweiz am 30. 1. 2002 findet die Wasserfolter überhaupt keine Erwähnung.«[81]

Peter Erler hält, offensichtlich anders als Knabe, Skepsis gegenüber den Berichten solcher Art »Zeugen« für angebracht. Er vermerkt in Fußnote 75:

»Einige Zeitzeugen haben gegenüber dem Autor mehrfach zum Ausdruck gebracht, dass sie die Angaben Reuters hinsichtlich der Folterzellen für unrealistisch halten.«

Derjenige, dessen Angaben zur Rekonstruktion des »U-Bootes« als Clou der Ausstellung geführt haben, steht dem Prachtstück eines Folterinstrumentes »skeptisch« gegenüber.

Die in einschlägigen UNO–Dokumenten festgelegten Mindestregeln für Gefangene und die völkerrechtlich verbindliche Bestimmung »Niemand darf der Folter oder grausamer unmenschlicher oder erniedrigender Behandlung oder Strafe unterworfen werden« wurden durch die Mitarbeiter des Untersuchungsorgans und des Untersuchungshaftvollzugs des MfS im Umgang mit den Beschuldigten eingehalten.

Der Vollzug der Untersuchungshaft in den UHA des MfS stand zu keinem Zeitpunkt im Widerspruch zur internationalen Praxis. Niemals gab es Anlass für offizielle Interventionen der UNO oder anderer zwischenstaatlicher Organisationen oder Gremien.

Dies festzustellen scheint geboten, denn solche Interventionen und Anlässe hierfür gab und gibt es in Bezug auf die Bundesrepublik.

---

9. »Wes Brot ich esse, des Lied ich singe«

(Deutsches Sprichwort)

Über die Legenden von der »Strahlenkanone«, die Arbeitslager und den »psychischen Terror«

Eine der übelsten Legenden ist die Behauptung, die Staatssicherheit habe »Strahlenkanonen« eingesetzt, um missliebige politische Gegner auszuschalten. Auch in der MDR-Reportage vom 10. November 2004 »Zentrale des Terrors« wurde ein Strahlungsgerät gezeigt und der Tod von Jürgen Fuchs, der an Blutkrebs gestorben ist, damit in Zusammenhang gebracht. Diese Story ist nicht neu, aber ihre Wiederholung trotz ihrer öffentlichen Widerlegung ist eine Infamie.

Einige Personen meldeten sich wie üblich in der Öffentlichkeit als »Zeitzeugen«, nachdem sie Bilder und Publikationen über Strahlungsgeräte in den Medien gesehen hatten und erklärten, auch sie seien mehrere Stunden einer Verstrahlung ausgesetzt gewesen.

Ein derartiger »Zeitzeuge« (er führt heute Besuchergruppen durch die Gedenkstätte Hohenschönhausen) meldete sich hierzu in einem

Beitrag in »Die Welt« vom 8. November 1999 wie folgt:

Und so hat es den »Zeitzeugen« nicht wirklich überrascht, als er dieses Jahr nach dem Tod des Schriftstellers Jürgen Fuchs von dem Gerücht einer »Röntgenkanone« hörte. Auch er saß mehrmals auf dem Fixierstuhl im Raum für »Erkennungsdienstliche Behandlung«. Heute hat er das Gefühl, er habe damals so ein leises Brummen gehört. Außerdem begann in dieser Zeit, seine Nase zu bluten. Schon mehrmals hat er sich beim Arzt untersuchen lassen. Der hat ihn immer wieder beruhigt: »Sie sind kerngesund.«

Die Autoren der Reportage handelten nicht aus Unwissenheit, sie konnten den Vorgang ohne Schwierigkeiten prüfen.[82]

Am 17. Mai 1999 hatte »Der Spiegel« geschrieben:

»Mehrere Krebsfälle bei ehemaligen DDR-Dissidenten haben den Verdacht aufkommen lassen, die Staatssicherheit habe Oppositionelle in der Haft strahlenverseucht.«

Der Leiter der Gedenkstätte Hohenschönhausen, offenbar Experte auch in der Strahlenmedizin, schrieb über dieses Thema im »Deutschland Archiv«, 4/1999.

Als »Beweis« galt, dass 1989 bei der Auflösung der Bezirksverwaltung des MfS in Gera ein Durchleuchtungsgerät gefunden wurde. Da Jürgen Fuchs und Rudolf Bahro an Krebs gestorben sind, wurde die »Vermutung« kolportiert, beide seien in Hohenschönhausen »verstrahlt« worden. Bei sorgfältiger Recherche hätten die Urheber solcher »Vermutungen« feststellen können, dass es zu dem Zeitpunkt, als Jürgen Fuchs – 1976 – und Rudolf Bahro – 1978 –

in Hohenschönhausen in Untersuchungshaft saßen, diese Geräte noch nicht gab.

In seinem Gerichtsverfahren gegen seine damaligen Ankläger brachte Bahro laut »Berliner Zeitung« u. a. zum Ausdruck: »Meine Haft kann ich nicht unter Unrechtsstaat verbuchen.« Und weiter im Text der »BZ«: »So erklärt sich auch, warum der 60-Jährige den Prozess als ›Siegerjustiz‹ empfindet. Ohne den Sieg des Kapitalismus gäbe es diese Veranstaltung nicht.«

Den Angeklagten bescheinigte Bahro, sich korrekt verhalten zu haben. Die Haft habe keine psychischen und physischen Folgen hinterlassen.

Durchleuchtungsgeräte wurden erst Anfang der achtziger Jahre eingeführt, um Effekten Inhaftierter zu kontrollieren. Dabei stützte sich das MfS auf Erfahrungen der Zollverwaltungen und wissenschaftlicher Experten. Übrigens wurde die Arbeit mit diesen Geräten 1987/88 wieder eingestellt, weil die erreichten Ergebnisse nicht den Erwartungen entsprachen.

Die kritisierten Durchleuchtungsgeräte werden weltweit u. a. bei der Kontrolle auf Flugplätzen eingesetzt, ohne dass (bisher) behauptet wird, dass Flugreisende sich dort ihre tödliche Strahlung holen.

Die »junge Welt« fragte am 25. Mai 1999 nicht grundlos: »Aber warum ist die These vom ›Fuchsmord‹ als Variante real existierenden Irrsinns überhaupt in den öffentlichen Umlauf gekommen? Autoren und Redakteure hätten zum Zwecke des Vergleichs sich doch über die Praxis in westlichen Haftanstalten erkundigen können, zum Beispiel über die in Berlin-Moabit. Dort war es in den 70er und 80er Jahren gang und gäbe, die Habe einer speziellen Gruppe von Gefangenen regelmäßig zu durchleuchten. Nachdem ehemalige leitende Offiziere der zuständigen Diensteinheiten des MfS diese Anschuldigungen öffentlich energisch zurückgewiesen und sich der Staatsanwaltschaft als Zeugen angeboten hatten, wurden die Urheber der Verleumdungen und die kolportierenden Medien in der Sache merklich ruhiger.«

In der genannten Sendung »Zentrale des Terrors« wurden Arbeitslager erwähnt und behauptet: Strafgefangene mussten dort für die »Stasi« arbeiten. Auch das gehörte also aus der Sicht der Filmemacher zum »System des Terrors«. Was von ihren Beschuldigungen stimmt oder stimmt nicht?

Es gab Strafgefangenen-Arbeitskommandos.[83]

Das waren Arbeitskommandos in der Stärke von 10 bis 20 Strafgefangenen, die zu Werterhaltungs- und Instandhaltungsarbeiten eingesetzt wurden. Die Arbeitskommandos waren keine zusätzlichen oder ungesetzlichen Schikanen der Organe der Staatssicherheit, sondern eine Einrichtung, die den Interessen der Strafgefangenen diente. Wie auch in anderen Strafanstalten der DDR wurden die Verurteilten auf die Wiedereingliederung in das gesellschaftliche Leben in der DDR vorbereitet. Es gab einen Kommandorat, der die Selbstverwaltung des Strafvollzugskommandos wahrnahm. Ihm oblag, die Arbeit zu organisieren, geistig-kulturelle Bildung zu fördern und die Rechte und Pflichten von Strafgefangenen durchzusetzen.

Die Organisationsformen änderten sich mehrfach, aber das Prinzip erwies sich als nützlich. Das war u. a. dadurch bewiesen, dass sich Strafgefangene bemühten, in Arbeitskommandos aufgenommen zu werden.

Auch der »moderne« Strafvollzug übernahm internationale Erfahrungen aus der Praxis, Strafgefangene arbeiten zu lassen. Warum wird das verteufelt, wenn das unter der Schirmherrschaft des MfS ein Element fürchterlichen Terrors war?

Eine notwendige Klarstellung zu den angeblichen »Stasi-Sondergefängnissen«: Strafvollzugsanstalten unterstanden nicht dem MfS. Für diese war das Ministerium des Innern, Hauptverwaltung Strafvollzug, zuständig. Auch die Strafvollzugsanstalt »Bautzen II«, häufig als »Stasi-Gefängnis« bezeichnet, war zu keiner Zeit eine Strafvollzugsanstalt des MfS. Das musste auch der ehemalige Landesbeauftragte der BStU im Freistaat Sachsen, Siegmar Faust, in einem Interview für die Zeitung »Neues Deutschland« einräumen. Und er fügte hinzu, dass sich daran auch nichts ändere, ... »nur, weil sich manche Leute einbilden, in Mielkes Privatknast gesessen zu haben«.

Ein weiterer Vorwurf gegenüber den Mitarbeitern der Untersuchungsbehörden in Hohenschönhausen besteht in der Behauptung, die Vernehmer und Vollzugsangestellten hätten »psychischen Terror« ausgeübt und damit Geständnisse Unschuldiger erpresst.

In der besagten Reportage wurde ein Ausschnitt aus einem MfS-Lehrfilm dargestellt, in dem eine Frau ihre Unschuld gegenüber dem Vernehmer beteuert. Der Lehrfilm sollte zeigen, was der Vernehmer tun sollte und könnte.

Über die Ziele, Methoden und Ergebnisse von Vernehmungen wird unter Experten gestritten, und in jedem Kriminalfilm kann der Zuschauer Unterschiedliches, ja sogar Fürchterliches erleben.

Hier geht es aber um die rechtlichen und praktischen Fragen in der Tätigkeit von Vernehmern des MfS. Daraus ergibt sich:[84]

Die Untersuchungstätigkeit durch das MfS erfolgte auf der Grundlage derselben gesetzlichen Regelungen wie für die Polizei und den Zoll im Rahmen der Strafprozessordnung der DDR. Es gab für das MfS keine Sonderrechte und keine Befehle oder Weisungen, die den Gesetzen widersprachen. Zu den Aufgaben der Untersuchungsorgane gehörte zwangsläufig die Aufklärung von Straftaten, zu denen Spionage, Sabotage und Diversion gehörten. Die Zuständigkeit des MfS war gesetzlich geregelt.[85]

Sie betraf nach den Statuten von 1953 und 1969:

- Vorbereitung und Durchführung von Aggressionskriegen, Anwerbung von DDR-Bürgern für kriegerische Handlungen, Kriegshetze, völkerrechtswidrige Verfolgung von DDR-Bürgern, Verbrechen gegen die Menschlichkeit, Kriegsverbrechen, faschistische Propaganda, Völker- und Rassenhetze.
- Hochverrat, Spionage, landesverräterische Agententätigkeit, Terror, Diversion, Sabotage, staatsfeindlicher Menschenhandel, staatsfeindliche Hetze und Militärstraftaten, soweit sie von sicherheitspolitischer Relevanz waren. (Militär- und Straftaten der allgemeinen Kriminalität klärten Untersuchungsführer der Militärstaats-anwaltschaft auf, die in Truppenteilen stationiert waren.)
- Straftaten der allgemeinen Kriminalität (wie Straftaten gegen die staatliche Ordnung gemäß Kap. 8 StGB/DDR), die durch ihre Umstände oder Auswirkungen Fragen der staatlichen

Sicherheit tangierten. Mit Genehmigung des Staatsanwalts konnten Ermittlungen solcher Art von Untersuchungsorganen des MdI oder von der Zollverwaltung der DDR übernommen bzw. an diese übergeben werden.

Und schließlich waren die Diensteinheiten der Abteilung IX auch zuständig für Straftaten von hauptamtlichen Mitarbeitern des MfS und von IM's, wenn diese der Begehung von Straftaten im Zusammenhang mit ihrer Tätigkeit für das MfS verdächtig waren.

Solche Delikte sind üblicherweise Straftatbestände in allen Staaten und müssten auch in »demokratischen« Staaten untersucht und geahndet werden wie im »totalitären System« der DDR und deren »Terrorzentrale« Hohenschönhausen.

Dass dabei auch konspirative Mittel, heute zum Beispiel »verdeckte Ermittler« und elektronische Mittel, eingesetzt werden, müssten auch Kritiker des MfS wissen.

Für die Untersuchungsorgane des MfS gab es einige Bestimmungen, die sich vorteilhaft von heutigen Praktiken unterscheiden.

So war zum Beispiel die Zeit für Ermittlungen auf acht Wochen begrenzt, heute können dies Jahre sein, wie es Oberst Dr. Hillenhagen am eigenen Leibe erfuhr und wie es in »Sturm auf die Stasi in Sachsen« beschrieben wurde.

Jeder Verdacht musste erst gründlich geprüft werden, ehe ein Ermittlungsverfahren eingeleitet werden durfte. Heute beginnt der Rufmord schon häufig vor der Ermittlung.

Bei nicht ausreichender Beweislage wurden die Ermittlungen eingestellt, ehe sie den Justizorganen übergeben wurden.

Auch für die Vernehmung selbst gab es Vorschriften, u. a.: »Die tägliche Vernehmung dauerte etwa vier bis sechs Stunden unter Einhaltung anstaltsüblicher Essenspausen.«[86]

Natürlich hing es auch vom Geschick des Vernehmers, seinen psychologischen Kenntnissen und praktischen Erfahrungen ab, wie eine Vernehmung verlief und welche Ergebnisse sie brachte.

Die »psychische Folter«, was immer darunter verstanden wird, ist von Häftlingen nicht bezeugt worden. Es wäre auch für keinen Vernehmer ratsam gewesen, etwas Ungesetzliches zu tun. Selbst im Falle einer Verurteilung musste jeder beteiligte Mitarbeiter damit rechnen, dass der Betroffene früher oder später in die Bundesrepublik kommen und ihm dort eine »Helden«- oder Märtyrerrolle zukommen würde. Obwohl in Salzgitter eigens zu diesem Zweck eine Behörde eingerichtet wurde, solche Fälle zu erfassen, ist bisher kein Zeuge »psychischer Folter« gefunden worden.

Die mehrjährige Tätigkeit von Untersuchungskommissionen besonders in dem Haft-Krankenhaus Waldheim und die gesondert von der Gauck-Birthler-Behörde angefertigten Studien erbrachten keine Beweise für einen Missbrauch durch das MfS

Die Gauck-Birthler-Behörde beziffert die Gesamtzahl der Ermittlungsverfahren des MfS von 1952 bis 1988 auf etwa 88.000. Und niemand klagte wegen erlittener Folter.

Das hindert »willige« Journalisten nicht, Gräuelgeschichten zu produzieren. So meldete die »Berliner Morgenpost« am 23. März 2001, dass von der Gründung bis zum Untergang der DDR bis zu einer Million politisch Verfolgter den Repressionen des SED-Regimes ausgesetzt gewesen seien. Mehr als 2.500 Häftlinge seien in den »Stasi-Gefängnissen« ermordet worden und Tausende hätten ihrem Leben selbst ein Ende gesetzt. Den Wahrheitsbeweis trat sie bis heute nicht an. Eine Anklage wegen eines dieser vielen »Morde« gibt es nicht.[87]

So tragisch und bedauerlich es ist: In der Untersuchungshaftanstalt Hohenschönhausen nahmen sich zwischen 1951 und 1989, also in den fast vier Jahrzehnten DDR-Geschichte, sechs Inhaftierte das Leben, in allen Untersuchungshaftanstalten des MfS zusammen gab es 14 Selbsttötungen.

Zum Vergleich: Auf eine kleine Anfrage der Abgeordneten von Bündnis 90/Die Grünen an den Berliner Senat über den »Tod im Knast« vom 1. Januar 2001 erging folgende Antwort: Allein in den Justizvollzugsanstalten Berlins kam es in den Jahren 1994 bis 2001 zu 52 Selbsttötungen. In der Untersuchungshaftanstalt für erwachsene Männer in Berlin-Moabit sind von 1991 bis 2000, also in zehn Jahren, 28 Selbstmorde zu registrieren gewesen, davon 15 in den ersten vier Tagen ihrer Haft.[88]

Da in den UHA des MfS keine Morde oder durch Folter zu Tode gekommene Untersuchungshäftlinge nachzuweisen waren, mussten dafür Selbstmörder herhalten, wie der Jenaer Domaschk.

In den Mauern der Stadt Jena findet sich eine Matthias-Domaschk-Straße. Sie erhielt ihren Namen nach der Einverleibung der DDR in die BRD.

Da kaum jemand mit diesem Namen etwas anzufangen weiß, wurde ein Zusatzschild angebracht. Darauf kann man lesen: »Der Jenaer Matthias Domaschk, geb. am 12. Juni 1957, kam am 12. April 1981 in der Untersuchungshaft des Ministeriums für Staatssicherheit unter ungeklärten Umständen zu Tode.«

Mit diesem Text werden der Phantasie und Lüge keine Grenzen gesetzt. Ganz im Gegenteil: Er soll dazu anregen, an ein »Stasi«-Verbrechen zu denken.

Zum Sachverhalt selbst:

M. Domaschk wurde in einem Geraer Dienstgebäude des MfS zur Klärung eines Sachverhaltes befragt. Nach Abschluss der Befragung sollte er mit einem Dienstfahrzeug in seine Wohnung gebracht werden. Bis zur Bereitstellung des PKW nahm er in einem Besucherzimmer Platz. Für seine Bewachung gab es keinen Grund. Das Alleinsein nutzte er, um sich im Besucherzimmer zu töten.

Niemand hatte sich an ihm vergangen. Es war zweifelsfrei ein Selbstmord. Die Nachwende-Juristen leiteten trotzdem ein Ermittlungsverfahren gegen Unbekannt ein. Trotz aller Bemühungen der »Regierungskriminalitätsbekämpfer« war aus der Sache kein »Stasi-Verbrechen« herauszuzaubern. Das Verfahren wurde eingestellt. Der Vollständigkeit halber sei gesagt, dass Domaschk nicht eine Stunde seines Lebens in Untersuchungshaft verbrachte.

Was nun die »ungeklärten Umstände« betrifft, unter denen er den Tod fand, sei festzustellen: Da es in den ehemaligen UHA des MfS der DDR keine Tötungsverbrechen gab, muss ein Selbstmörder herhalten, um die »Stasi« mit Lüge und Verleumdung zu überziehen.

Meinungsfreiheit als Lügenfreiheit? Im Interesse der Stärkung der Demokratie? Karli Coburger und Dieter Skiba machten auf einen interessanten und entlarvenden Wandel in der Wahrnehmung aufmerksam:

»Wenn in der Zeit des Kalten Krieges bundesrepublikanische und Westberliner Medien auf Ergebnisse der in der DDR gegen Spione, Saboteure und andere Agenten durchgeführten Strafverfahren und ergangene Urteile der Gerichte der DDR reagierten, dann zumeist mit der verlogenen Behauptung, dies sei alles nur Propaganda, die Prozesse seien Ausdruck einer Schein- und Terrorjustiz, die gegen Unschuldige geführt wurden.

Seit der ›Beitrittszeit‹ nimmt allerdings die Zahl jener in der DDR rechtmäßig Verurteilten zu, die sich ihrer Mittäterschaft am Untergang der DDR rühmen und in die Reihen der ›Sieger‹ drängen. Sie rühmen sich in den Medien ihrer Verbrechen gegen die DDR. Einige wurden als Zeugen in Verfahren gegen DDR-Richter, Staatsanwälte und Untersuchungsführer aufgeboten. Sie bestätigten ihre gegen die DDR gerichtete Spionage und Agententätigkeit, bagatellisierten ihre Gesetzesbrüche oder/und ›entschuldigten‹ ihre damaligen Einlassungen und Erklärungen vor DDR-Justizorganen, dass sie angeblich keine andere Chance gehabt hätten, weil ›die ja sowieso schon alles wussten‹.«

Nach 1989 ergab sich eine merkwürdige Metamorphose. Nicht wenige Nazi-Kriegsverbrecher, die zu Recht von sowjetischen Organen (wie auch von Westalliierten) bzw. in der DDR verurteilt worden waren, verwandelten sich in »Opfer des Stalinismus«, wenn sie in der Sowjetunion oder der DDR ihre Strafe verbüßt haben.

Unter bestimmten Bedingungen wurden sie sogar rehabilitiert und/oder in Gedenkstätten zur Erinnerung an die »zwei Diktaturen in Deutschland« geehrt.[89]

Dazu wird es noch manche Recherche geben.

10. *»Das eben ist der Fluch der bösen Tat, dass sie fortwährend Böses muss gebären«*

(Friedrich Schiller)

Bubenstück um den »Grotewohl-Express«

Auf einen Akt scheint der Direktor der Gedenkstätte Hohenschönhausen besonders stolz zu sein, den Erwerb und die Ausstellung des »Gefangenentransportwaggon (GSTW) der Deutschen Reichsbahn«.

In der Nacht vom 11. zum 12. März 2004 wurde mit Hilfe von Schwerlast-Kränen ein Waggon der Deutschen Reichsbahn, der zu DDR-Zeiten dem Transport von Häftlingen diente, auf das Gelände der ehemaligen MfS-Unter-suchungshaftanstalt in Berlin-Hohenschönhausen gehievt, nachdem das Vorhaben gescheitert war, das Objekt in Bautzen unterzubringen. Der Vorgang war von einem orchestrierten Mediengetöse begleitet. In der Regel wurde in verleumderischer Absicht vom »Grotewohl-Express« gesprochen. Der Direktor der Gedenkstätte Normannenstraße bezeichnete den Waggon »als Abbild der angeblich demokratischen Gesellschaft«.[90]

Ein Herr Götz nannte den Zug »DDR-Knastwagen«.[91]

In der pluralistischen Medienlandschaft ist noch mancher andere diffamierende Begriff für diesen Waggon zu entdecken.

Haben die »unabhängigen« Journalisten vor ihrem Erguss auch recherchiert?

In der Pressemitteilung der Gedenkstätte (ohne Datum) hieß es zu diesem Vorgang unter anderem:

»Auf dem Gelände der Gedenkstätte Berlin-Hohenschönhausen erfolgte am Freitag, 12. März, die Aufstellung des letzten erhaltenen Gefangenensammeltransportwaggons (GSTW) der DDR.

Mit dem sogenannten ›Grotewohl-Express‹, benannt nach dem ersten Ministerpräsidenten der DDR, Otto Grotewohl, erfolgte bis 1989 die Verlegung von Gefangenen zwischen den zahlreichen ostdeutschen Haftanstalten. Die Häftlingstransporte wurden von der Deutschen Reichsbahn im Auftrag des Innenministeriums bzw. der Staatssicherheit durchgeführt. Viele politisch Verfolgte wurden auf diese Weise durch die DDR transportiert.

Das SED-Regime hatte den Bestand aus der Hitlerzeit bzw. aus den Händen der sowjetischen Besatzungsmacht übernommen. Durch die vielfältige staatliche Repression ergab sich jedoch bald ein zusätzlicher Bedarf an Fahrzeugen. Der zukünftig auf dem Gelände der Gedenkstätte zu sehende GSTW wurde von der Deutschen Reichsbahn im Auftrag des DDR-Innenministeriums Anfang der 80er Jahre gebaut und war bis 1989 in Betrieb. Bis zur Wiedervereinigung 1990 waren noch fünf dieser Fahrzeuge im Einsatz.

Die Transportbedingungen in dem Grotewohl-Express waren menschenunwürdig. Die Fahrt dauerte – je nach Route – von einigen Stunden bis zu mehreren Tagen. Den Häftlingen stand während dieser Zeit nur ein hölzerner Klappsitz auf kleinstem Raum zur Verfügung. Vier Personen teilten sich eine 1 m x 1,3 m große Zelle. Bei 18 Zellen konnten so insgesamt über 70 Menschen transportiert werden.

Während der Fahrt wurden den Häftlingen die Handschellen nicht abgenommen. Körperliche Bewegungen waren in der Enge fast unmöglich. Oft stand der Zug stundenlang auf einem Abstellgleis, im Sommer in brütender Hitze ohne Ventilationssystem. Im Winter konnte der abgekoppelte Wagen nicht beheizt werden.«

Der Autor der Mitteilung behauptet auch, die Häftlinge hätten nicht sprechen und lachen dürfen, hätten verschmutzte Toiletten benutzen müssen und seien im »Ringverkehr« meist nachts transportiert worden. Scheinbar eine besondere Schikane: Das Wachpersonal habe die Gefangenen im Zug unter Kontrolle gehalten. (In Haftanstalten »freier« Länder scheinen Häftlinge nicht bewacht zu werden.)

Was die Pressemitteilung unterschlägt: Der jetzt ausgestellte Waggon hatte mit Hohenschönhausen nie etwas zu tun. Es waren »Bautzen-Häftlinge«, deren Taten gerühmt werden:

»Zwei ehemalige DDR-Häftlinge machten sich, zusammen mit dem Opfer-, Förder- und Dokumentationsverein Bautzen II, 1995 auf die Suche nach den Gefangenenwaggons. Mit Hilfe der Deutschen Bahn AG wurden sie im Ausbesserungswerk Wittenberge fündig. Die verbliebenen Waggons sollten hier zu Bürowagen umgebaut werden, was durch Intervention des damaligen Vorstandsvorsitzenden der Deutschen Bahn AG in letzter Minute verhindert wurde. Mit Hilfe von Spenden konnte der Verein einen der Waggons erwerben. Er überließ ihn der Gedenkstätte Berlin-Hohenschönhausen zum symbolischen Preis von einem Euro. Mit der ehemaligen Zentralen Untersuchungshaftanstalt des Ministeriums für Staatssicherheit wurde nun ein geeigneter Ort gefunden, wo der Waggon dauerhaft an den Umgang der SED mit ihren Gefangenen erinnert.«

Hoffentlich wurde der Vorstandsvorsitzende der Bahn AG gebührend belohnt.

Damit die Torturen, die auf dem Bahntransport zu erleiden waren, auch über die Medien Wirkung haben können, wurden Berichte von »Zeitzeugen« angefügt.

Edda Schönherz wurde »reingestopft«, im wahrsten Sinne des Wortes!

Hartmut Richter fasste auf der Fahrt den Entschluss zur Flucht in den Westen. Reiner Dellmuth bekam nur ein Brötchen in die Hand gedrückt und musste sich mit Malzkaffee begnügen.

Gustav Rust erinnert sich: »Wenn man versucht hätte, einzunicken oder was, dann wurden die Köpfe zusammengehauen.« Der erste Satz ist Konjunktiv, der zweite Indikativ. Was ist richtig?

Rudolf Schröder kann sich nur noch dunkel daran erinnern, ob er nun drei, 3½ oder vier Tage unterwegs war. Christa Gross-Feurich war auf dem Weg von Dresden bis Bautzen gar unter Männern, aber durch ein Gitter von ihnen getrennt. Was ist an der Geschichte und den Geschichten dran, wenn sie von den zweckbestimmten Horror-Erinnerungen befreit werden?[92]

Seit April 1998 existiert in der »Stiftung Sächsische Gedenkstätten« eine Studie, die von der Gedenkstätte in Auftrag gegeben worden ist und vom Steuerzahler finanziert war.

Dr. Jan-Henrik Peters schrieb über »Einsatzgeschichte und Möglichkeiten der musealen Nutzung des Gefangenentransportwagens der Deutschen Reichsbahn«. Damals wollte das »Bautzen-Komitee«

den Wagen nach Bautzen haben, obwohl er dort nicht »zu Hause« gewesen war. Rainer Dollmuth hatte 1997 unter dem Titel »Ja, das ist der Grotewohl-Express«[93] geschrieben und damit den Druck der »Opfer des Stalinismus« erhöht.

Was also fand Dr. Peters?

- Solche Zellenwagen hat es in Deutschland seit den 80er Jahren des 19 Jahrhunderts (als »Bismarck-Express«?) gegeben, in der BRD auch in der Ära Adenauers.
- 1947 hatte der Generalstaatsanwalt der britischen Besatzungszone sogar die Idee, die Gefangenentransporte der sowjetischen Besatzungszone zu kopieren. In der BRD liefen bis in die 60er Jahre 14 Gefangenenzüge. Seitdem werden für Häftlingstransporte Kraftfahrzeuge benutzt.
- In der DDR liefen fünf solche Züge, von denen der dritte – wenn auch schadhaft – erhalten ist.
- Aus Kostengründen wurden Häftlinge in »Ringen« von einer »zentralen Transportleitstelle« in Magdeburg transportiert.
- Das Modell, das jetzt Museumsstück ist, wurde 1978 als »langer Halberstädter« konstruiert und nach 1980 gebaut. Da Otto Grotewohl 1964 verstorben ist, konnte er nur im Falle der Wiederauferstehung mit dem Waggon zu tun haben.
- Zur Qualität des Zuges sagte Dr. Peters, dass er das Modernste war, was die DDR damals produzierte. »Da der Zellenwagen aus Kostengründen von einem Serientyp abgeleitet wurde, kann schon aus diesen Gründen von einem absichtlich konzeptionell so angelegten ›Folterwaggon‹ nicht gesprochen werden.« (S. 14)

- Heizung, Lüftung usw. entsprachen dem damals modernsten Standard, weshalb von besonderen schikanösen Bedingungen nicht gesprochen werden kann.
- Wenn die Obergrenze der geplanten Transportkapazität (fünf Gefangene in einem Abteil) erreicht worden wäre, müsste es eng geworden sein. Ob das je eintrat, ist nicht belegt. »Von Übergriffen seitens der Bewacher ist dem Verfasser in keinem Fall berichtet worden. Im Bundesarchiv konnte in den Aktenbeständen hinsichtlich von Häftlingsbeschwerden ebenfalls kein derartiger Vorgang ausgemacht werden.« (S. 18)

Dr. Peters veranschlagte die Reparaturkosten unter Berufung auf ein Ausbesserungswerk in Potsdam auf 25.000 DM. Die Beschreibung der Schäden ist für den Bericht ohne Belang. Wer für die Kosten der Reparatur und des Transportes aufgekommen ist, kann der Presse nicht entnommen werden.

Das abschließende Urteil von Dr. Peters lautet:

»Das bloße Vorhandensein von engen Zellenwagen bzw. deren Einsatz … rechtfertigt aus sich heraus kaum ein extra ›Mahnmal‹, noch dazu, da während des Dritten Reiches tatsächlich menschenvernichtende Transporte stattfanden.« (S. 23/24)

Immerhin: In der MDR-Reportage »Zentrum des Terrors« tauchte der Gefangenentransportwagen als »authentisches Zeugnis« nicht auf.

Die Bundesbahn wird sich vermutlich hüten, »authentische Zeugnisse« für die Todestransporte nach Auschwitz oder Terezin besichtigen zu lassen.

Auch das, was der Richter am Amtsgericht Sondershausen Christian Kropp über die »Rechtswidrigkeit des gegenwärtigen Gefangenentransportes«

in der „Zeitschrift für Rechtspolitik", Nr. 3/2005, Seite 96 ff., schreibt, ist zur Kenntnisnahme zu empfehlen:

»... Es gibt Menschen, die längere Zeiträume auf einer Fläche von weniger als einem halben Quadratmeter in Omnibussen transportiert werden, im Sommer dabei nicht selten in praller Hitze. Auf diese Weise werden sie von Anstalt zu Anstalt ohne Außenkontakt oder Kontaktmöglichkeit zu ihrem Rechtsanwalt befördert. Wer jetzt meint, es handele sich um die Beschreibung einer Szene aus einem Staat in der sogenannten Dritten Welt, der irrt. Beschrieben ist die gegenwärtige Praxis des Gefangenentransportes, wie sie in Deutschland trauriger Alltag ist. So dauert etwa eine Fahrt in dieser Form von Freiburg i. Br. nach Stralsund 16 Tage, von Aachen nach Dresden 15 Tage...«

11. »Wer Wind sät, wird Sturm ernten«

(Hosea 8.7.)

»Mit dem Maß, mit dem ihr messet, wird man euch wieder messen.«

(Lukas 6.38)

Überlegungen zur Bilanz verfehlter Gedenkstättenpolitik

Die Gedenkstättenpolitik, wie sie (nicht nur) in Hohenschönhausen betrieben wird, ist ein gefährliches Spiel. Vieles kann sich als Bumerang erweisen.

Ein Artikel des »ND« vom 15.Januar 2003 unter dem Titel »Wieder einmal wird die Stasi-Keule geschwungen – Verbaler Krieg um die Gedenkstätte Hohenschönhausen zieht weite Kreise« fand:

»Die Angriffe richten sich gegen die Leitung des Hauses und kommen nicht aus irgendeiner linken Ecke oder einem altstalinistischen Geheimfach, sondern aus den eigenen Reihen.

Sie richten sich gegen den wissenschaftlichen Direktor der Gedenkstätte, Hubertus Knabe.

Die Schlammschlacht wird mit offenen Briefen und Erklärungen geführt. Von Skandalen in der Gedenkstätte ist da die Rede, von ›Entsorgung‹ der Mitarbeiter, von Vertreibung, von hysterischen Attacken usw.

Hintergrund ist die Nichtweiterbeschäftigung des ehemaligen Museumsführers Rainer Schubert in der Gedenkstätte. Er soll bei seinen Führungen Mithäftlinge, Mitarbeiter und Besucher verbal attackiert und bedroht haben.

Ein Besucher schilderte seine Begegnung mit Schubert wie folgt: Ich nahm im August 2002 an einer Führung teil. Bereits während der Einweisung der Besuchergruppe – vor allem Stadttouristen aus den alten Bundesländern – bedauerte Schubert lauthals, dass nicht bereits nach dem Mauerfall die ›rumänische Lösung‹ für alle Stasi- und SED-Mitglieder zur Anwendung kam. Einige Besucher stimmten ihm darin begeistert zu. Wörtlich hieß es unter anderem: Es ist dazu ja noch nicht zu spät.«

Der Westberliner Rainer Schubert wurde 1976 u. a. wegen staatsfeindlichem Menschenhandel, Sabotage im besonders schweren Fall, Urkundenfälschung, Terror und staatsfeindlicher Hetze zu einer Freiheitsstrafe von 15 Jahren in der DDR verurteilt.

Wie vieler derartiger »Zeitzeugen« bedient sich wohl die Leitung der Gedenkstätte Berlin-Hohenschönhausen?

Der Streit beginnt im Grundsätzlichen, beim Recht der DDR, ihre Souveränität nach innen und nach außen zu schützen und alle dazu nötigen Gesetze zu erlassen und durchzusetzen, soweit sie nicht gegen das Völkerrecht verstoßen. Verstöße gegen das Völkerrecht sind der DDR (im Unterschied zur BRD) im UNO-System nie vorgeworfen worden. Es gilt auch heute:

Die Souveränität des Staates hat »zwei komplementäre und sich wechselseitig bedingende Seiten: Nach innen gewendet setzt ihr Inhaber letztverbindlich von keiner anderen Macht abgeleitetes Recht. Nach außen ist es rechtlich weisungsfrei. Er schuldet von Rechts wegen keinem anderen Gehorsam.«[94]

Ich komme noch einmal auf den Ausgangspunkt meiner Betrachtung zurück:

Warum geben sich Vertreter der politischen Klasse so viel Mühe und verschwenden so viele Steuergelder (die Gauck-Birthler-Behörde kostete den Steuerzahler bisher ca. 1,3 Milliarden Euro)[95] – um das »Land der Träume«, das Land des »realen Sozialismus« in ein »Stasiland« zu verwandeln?

Verkürzt darf wohl zusammengefasst werden:

- Die Anziehungskraft sozialistischer Ideen soll gebrochen werden.
- Die DDR soll als »Missgeburt« oder gar als »Höllengeburt« verteufelt werden.
- Vorwürfe über Vorgänge, die es in der DDR nicht gab – Folter, Zwangsadoption, Psychiatriemissbrauch (in demokratischen Staaten keineswegs seltene »Vorkommnisse«) –, sollen Bausteine für den »Diktaturenvergleich« liefern.
- Dieser »Diktaturenvergleich« führt zur Totalitarismus-Doktrin, der Gleichstellung von »Drittem Reich« und DDR, und mündet in der These vom »Unrechtsstaat DDR«, der letztlich das eigentliche verbrecherische System gewesen sei.
- Damit wird den Neofaschisten aus der »gesellschaftlichen Mitte« und mit staatlichem Beistand Wasser auf die Mühlen gegeben.

Dafür gibt es täglich viele Beispiele. Selbst der Justizsenator von Berlin, Dr. Ehrhart Körting, meldete sich in der Zeitschrift »Recht und Politik« (3/1998, S. 129f.) zu Wort. Er bestreitet nicht, dass sich die gesetzlichen Bestimmungen für die Anordnung der Untersuchungshaft in der BRD und der DDR gleichen, dass sich auch die Haftanstalt äußerlich kaum von anderen unterscheidet (das Märchen von der Wassertortur wiederholt er natürlich), aber er tadelt, dass die Vernehmer das Ziel verfolgten, »den störungsfreien Ablauf eines Strafverfahrens zu gewährleisten«. Dabei spielte das Geständnis des Inhaftierten eine große Rolle. Wo ist das nicht der Fall? Körting geht es nicht so sehr darum, ob »nennbar typisches Unrecht, wie körperliche Misshandlung und Folterung eines Menschen,« erfolgt sei, sondern um die »subtilere Unterdrückung«, die erfolgt sei. Er sagte auch offenherzig, worum es beim Thema »Hohenschönhausen« geht:

»Wir geraten in Gefahr, uns rückblickend an niedrige Wohnungsmieten oder Öffnungszeiten von Kindergärten zu erinnern und die totalitäre Beherrschung der Menschen durch den Staat zu verdrängen.«

Also: Gruselkabinett statt Sozialpolitik.

Das tatsächliche Ergebnis dieser Art »Geschichtsbewältigung« ist

- Die Verfälschung der Biographien der meisten DDR-Bürger.
- Die Verletzung der Persönlichkeitsrechte Zehntausender, die an den Pranger gestellt werden.
- Die Vernichtung der beruflichen Existenz Hunderttausender, die ausgegrenzt werden.

Rechtsanwalt Friedrich Wolff stellte in seinem Buch »Einigkeit und Recht. Die DDR und die deutsche Justiz« (edition ost, Berlin 2005) im Zusammenhang mit der politischen Strafverfolgung von Mitarbeitern des MfS fest:

Aus den insgesamt nach 1990 eingeleiteten 20-30.000 Ermittlungsverfahren gegen ehemalige MfS-Mitarbeiter ergaben sich 143 Anklagen, von denen in 20 Fällen gerichtliche Verurteilungen erfolgten, davon zwölf zu Geldstrafen und acht zu Freiheitsstrafen, von denen wiederum sieben zur Bewährung ausgesetzt wurden. Selbst diese Verurteilungen sind teilweise unter rechtsstaatlich fragwürdigen Bedingungen, zum Beispiel durch sogenannte Deals, zustande gekommen. Alles in allem zeigt diese Bilanz der Vergangenheitsbewältigung, dass die Strafverfahren trotz des enormen Aufwands die These vom Unrechtsstaat nicht nur nicht bestätigt, sondern widerlegt.

»Allein diese Verfahrenszahlen widerlegen die allenthalben verbreitete, unausrottbare Auffassung über Folter in der DDR und Gewalttaten des MfS: Die akribische, über zehn Jahre währende Arbeit von Polizei, Staatsanwaltschaften und Gerichten erbringt den rechtskräftigen Nachweis, dass diese Vorwürfe gegen das MfS unberechtigt sind. Die Kollektivverfolgung seiner Mitarbeiter in der Öffentlichkeit, die Kürzung ihrer Rentenansprüche, ihre politische Entrechtung und ihre arbeitsrechtliche Benachteiligung sind folglich durch nichts gerechtfertigt.« Dennoch wurde das Ziel der Diskriminierung des politischen Gegners, also des realen Sozialismus, wohl weitgehend erreicht. Die Medienkampagne im Zusammenhang mit den jahrelang schwebenden Verfahren, das Verschweigen ihrer Ergebnisse erzeugten in der öffentlichen Meinung das gewünschte Bild. Es wird, ungeachtet des Resultats der Strafverfolgung, weiter verbreitet. So schreibt noch im Jahr 2001 ein Thomas Kunze in seinem Buch »Staatschef a. D. Die letzten Jahre des Erich Honecker« von der »Stasi«, dass sie »es ... in ihren Gefängnissen für opportun betrachtete, Häftlinge in Eis- und Wasserzellen zu sperren, ihnen Psychopharmaka zu verabreichen, sie mit Elektroschocks zu foltern, sie zu schlagen und zu demütigen...« Keine einzige Verurteilung wegen solcher Untaten können Schaefgen, Marxen und Werle[96] nennen, keine Anklage existiert, nicht einmal ein Ermittlungsverfahren wäre zu erwähnen. Doch die Lügen werden weiter verbreitet, und allein darum geht es – auch bei den Führungen in Hohenschönhausen.

Es wuchs nicht zusammen, was zusammengehört (Willy Brandt). Zwischen den Krupps und Krauses gibt es keine verbindende Brücke. Die Krupps haben die »legale« Gewalt, die auch das Grundgesetz kaum einschränkt, über die Krauses in der DDR wiedererobert. Aber es gibt kein »Ende der Geschichte«[97] (wenn nicht der Imperialismus durch seine Politik die Menschheit auslöscht).

Wir halten uns an die Worte des 16. Präsidenten der USA, des 1865 ermordeten Abraham Lincoln: »Man kann alle Leute einige Zeit zum Narren halten und einige Leute allezeit, aber alle Leute allezeit zum Narren halten kann man nicht.«

Quellen:

1) Günter Gaus: Zur Sache: Deutschland, Dresdner Reden 1992, S. 5
2) Siehe: Bd. 2, S. 426f.
3) Spotless-Reihe Nr. 174, ISBN 3-937943-09-9
4) GRH e.V., Franz-Mehring-Platz 1, 12043 Berlin, www.grh-ev.org
5) Der Spiegel, 5/1997, S. 66
6) Geschichtsbilder. Weichenstellungen. Deutsche Geschichte nach 1945, Freiburg i. Br. 2003, S. 14f.
7) Gerhard Besier: 1968 und die Sakralisierung der Politik, a. a. O., S. 145f.
Meine Replik in: Horst Schneider: Das Hannah-Arendt-Institut im Widerstreit politischer Interessen, Berlin 2004, S. 79f.
8) Eine Gesamtübersicht nach dem Stand 2004 bei:
Annette Kaminski (Hrsg.): Orte des Erinnerns. Gedenkzeichen, Gedenkstätten und Museen zur Diktatur in SBZ und DDR, Bundeszentrale für politische Bildung, Bd. 428, Leipzig 2004
9) Lothar Bisky, Uwe-Jens Heuer, Michael Schumann: »Unrechtsstaat«? Politische Justiz und die Aufarbeitung der DDR-Vergangenheit, Hamburg 1994
10) Bautzen-Forum der Friedrich-Ebert-Stiftung, 17. u. 18. Mai 1996, S. 123
11) Orte des Erinnerns, a. a. O., S. 18f.
12) Ebenda, S. 15
13) a. a. O., S. 62f.
14) Grundlage dafür: Lutz Prieß: Die Gedenkstätte Berlin-Hohenschönhausen in der PDS-Geschichtsdebatte.
Ein Überblick, Ansichten zur Geschichte der DDR, Bd. 8/10, S. 588f.
15) Friedrich, Thomas: Die Großküche des NSV. Zur Geschichte des Geländes, in: Über die Frühzeit des Sperrgebietes und Haftgeländes in Berlin-Hohenschönhausen.
Publikationsreihe der Gedenkstätte Berlin-Hohenschönhausen, H. 3; Berlin 1997, S. 9/10
16) Karl Wilhelm Fricke/Silke Klewinski: Bautzen II. Sonderhaftanstalt unter MfS-Kontrolle 1956 bis 1989, Leipzig 2001
Norbert Haase/Birgit Sack (Hg.): Münchner Platz, Dresden. Die Strafjustiz der Diktaturen und der historische Ort, Leipzig 2001
17) Deutscher Bundestag, Drucksache 14/1563
Konzeption der künftigen Gedenkstättenförderung des Bundes und Bericht der Bundesregierung über die Beteiligung des Bundes an Gedenkstätten in der Bundesrepublik Deutschland;
Deutscher Bundestag, Drucksache 15/3048.
Förderung von Gedenkstätten zur Diktaturgeschichte in Deutschland
18) Lutz Prieß, a. a. O., S. 598
19) Deutscher Bundestag, Drucksache 12/7820, S. 233
20) Lutz Prieß, a. a. O., S. 599
21) Endrik Wilhelm: „Versteckte Gesetzesverstöße" in der Revision.... In: Zeitschrift für Strafrechtswissenschaft, 117 (2005) 1, S. 144f.

Jürgen Rath: Das subjektive Rechtfertigungselement. Zur kriminalrechtlichen Relevanz eines subjektiven Elements in der Ebene des Unrechtsausschlusses – auf der Grundlage einer Rechtsphilosophie im normativen Horizont des Seins. Eine rechtsphilosophisch-kriminalrechtliche Untersuchung. Berlin, Heidelberg, New York: Springer 2002

22) Die Zeit, Hamburg, 20. Sept. 1996, S. 15

23) Peter Erler: Die »deutsche Lubjanka« in Hohenschönhausen. In: Zeitschrift des Forschungsverbundes SED-Staat, Freie Universität Berlin, 15/2004, S. 93f.

24) Die Bezeichnung NKWD/KGB steht im vorliegenden Buch allgemein für die sowjetische Organisation für Staatssicherheit , die bis 1954 unter verschiedensten Namen (u. a. MGB) agiert hat und nach dem März 1954 als KGB arbeitete.

25) Orte des Erinnerns. Gedenkzeichen, Gedenkstätten und Museen zur Diktatur in SBZ und DDR, herausgegeben von Annette Kaminsky, Bundeszentrale für politische Bildung, Bd. 428, Bonn 2004

26) Bernd Faulenbach: Konkurrierende Vergangenheiten? Zu den aktuellen Auseinandersetzungen um die deutsche Erinnerungskultur. In: Deutschland Archiv, 4/2004, S. 648f.
Eine sachliche Replik, die ich der Redaktion anbot, wurde nicht angenommen.

27) Lutz Prieß: Die Gedenkstätte Berlin-Hohenschönhausen in der PDS-Geschichtsdebatte. Ein Überblick. In: Ansichten zur Geschichte der DDR, Bd. 9-10, S. 588f.

28) Ebenda, S. 589

29) Hier wird nicht auf die Umstände der Einberufung und des Verlaufes des Parteitages eingegangen.

30) Außerordentlicher Parteitag der SED-PDS, Berlin, Dezember 1989, Materialien, Berlin 1990, S. 55

31) Vgl. Lutz Prieß, a. a. O., S. 592

32) Zum Ostbüro der SPD siehe: Wolfgang Schmidt: Die Sicherung der politischen Grundlagen der DDR. In:
Die Sicherheit. Zur Abwehrarbeit des MfS, Bd. 1, Berlin 2002, S. 599f.;
Wolfgang Buschfort: Das Ostbüro der SPD. Von der Gründung bis zur Berlin-Krise, München 1991

33) Lutz Prieß, a. a. O., S. 593

34) Ebenda, S. 534
Im Hinblick auf Bautzen II kann ich diese Feststellung auch für die sächsische PDS bestätigen.

35) Ebenda, S. 599f.

36) Jürgen Hofmann: „Zur Auseinandersetzung mit der Hohenschönhausener Gedenkstätte für die Opfer des Stalinismus". In: Utopie kreativ, Juli/August 1997, Heft 81/82, S. 159

37) Zit. nach Lutz Prieß, a. a. O., S. 601

38) Die Erklärung liegt dem Autor vor.

39) ND vom 19./20.2.2005

40) Eintragung Richard von Weizsäckers am 20.2.1992 in das Gästebuch der Stadt Bautzen,

Bulletin des Presse- und Informationsamtes der Bundesregierung, 26. 2. 1992, S. 232
41) Lutz Niethammer: Alliierte Internierungslager in Deutschland nach 1945.Ein Vergleich und offene Fragen. In: Sowjetische Speziallager in Deutschland, a. a. O., S. 97f.
42) Ebenda, S. 97
43) Gabriele Zimmermann: Das Internierungslager Dachau 1945-1948 und Kathrin Mayer: Die Internierung von NS-Funktionären in der US-Zone Deutschlands. In: Dachauer Hefte 19 (November 2003), S. 24 f.
Nach den Angaben Kathrin Mayers gab es in der US-Zone 37 Internierungslager, zwei Internierungsgefängnisse und sieben Internierten-Krankenhäuser.
44) Horst Schneider: Das Hannah-Arendt-Institut im Widerstreit der Interessen, Berlin: Spotless-Verlag, 2004
45) Zeitschrift des Forschungsverbandes SED-Staat, Freie Universität Berlin 15/2004, S. 93f.
46) Sowjetische Speziallager in Deutschland 1945 bis 1950. Studien und Bericht. Herausgegeben und eingeleitet von Alexander von Plato, Bd. 1, Berlin: Akademie-Verlag, 1988, S. 318f.
47) Bautzen Forum Nr. 5, Leipzig 1994, S.96
48) Dieter Rieke: Geliebtes Leben, a. a. O., S. 139f.
Fritz Rieke ist mehrmals nach 1990 auf dem „Bautzen-Forum" Nr. 1 und 2 aufgetreten. Sein Lieblingsthema war „Sozialdemokratischer Widerstand gegen den Stalinismus". Gemeint ist die Tätigkeit des Ostbüros der SPD. Siehe dazu: Helmut Bärwald: Das Ostbüro der SPD, Krefeld 1991
Wolfgang Buschfort: Das Ostbüro der SPD, München 1991
49) Peter Erler: Die „deutsche Lubjanka", a. a. O., S. 106
50) Peter Erler: Das Untersuchungsgefängnis... In: Deutschland Archiv 2/2005, S. 258
51) Karl Wilhelm Fricke: Politik und Justiz in der DDR, S. 6f.
52) Ebenda, S. 13
53) Ebenda, S. 23
54) Marion Gräfin Dönhoff: Weil das Land sich ändern muss ... Reinbeck bei Hamburg 1993, S. 179
55) Roman Herzog: Wahrheit und Klarheit, Reden zur deutschen Geschichte, Hamburg 1995, S. 121/122
56) Süddeutsche Zeitung vom 22. 4. 2004
57) Christian Staas: Land der Träume. In: Die Zeit, 28. 10. 2004
58) Anna Funder: Stasiland. Aus dem Englischen übersetzt von Harald Riemann. Hamburg: Europäische Verlagsanstalt, 2004
59) Ebenda, S. 264f.
60) Johannes L. Kuppe: Umgang mit brisanten Akten. In: Das Parlament, 18. 10. 2004
61) Stasi-Forschung gleicht mehr und mehr einem absurden Theater. In: Das Parlament, 1. 11. 2004, Nr. 45
62) Günter Platzdasch: Trödelmärkte und Schlachtfelder. In: Neues Deutschland, 1. 11. 2004. Die Kongress-Materialien sollen in der

Buchreihe des Böhlau-Verlages „Europäische Diktaturen und ihre Überwindung" erscheinen
63) Günter Platzdasch, a. a. O
64) Homepage der Gedenkstätte
65) Peter Erler: Sowjetische Geheimdienststrukturen im Industriegebiet Berlin-Hohenschönhausen (Mai 1945 bis Frühjahr 1951), Berlin 2004
Peter Erler mit Thomas Friedrich: Genslerstraße 66, Speziallager 3, Berlin 1995
66) Peter Erler/Hubertus Knabe: Der verbotene Stadtteil. Stasi-Sperrbezirk Berlin-Hohenschönhausen, Berlin: Jaron, 2005
67) Hubertus Knabe: Tag der Befreiung? Das Kriegsende in Ostdeutschland, Berlin: Propyläen-Verlag, 2005
68) Hubertus Knabe: Die unterwanderte Republik. Stasi im Westen, Berlin 1999;
ders.: Der diskrete Charme der DDR. Stasi und Westmedien, Berlin 2001
69) Der Text ist in meiner Hand, der Verfasser ist mir bekannt.
70) Die Sicherheit, Bd. 2, Berlin 2002, S. 506f. Auf die Gummizelle wird zurückzukommen sein.
71) Anna Funder: Stasiland, a. a. O., S. 269
72) Rot Fuchs, Mai 2005, S. 26
73) Anna Funder: Stasiland, Hamburg 2004, S. 264f.
74) Ebenda, S. 270
75) Süddeutsche Zeitung vom 18. 6. 1994. Zit. nach: Die Sicherheit a. a. O., S. 436
76) Die Sicherheit..., Bd. 2, a. a. O., S. 501
77) Ebenda, S. 503
78) Friedrich Wolff: Verlorene Prozesse 1953-1998. Meine Verteidigungen in politischen Verfahren. Baden-Baden: NOMOS-Verlagsgesellschaft, 1999, S. 122
79) Karl May: In den Cordilleren, S. 410ff. In: Digitale Bibliothek, Bd. 77: Karl Mays Werke, S. 47632 (Vergl. KMW-IV, S. 272 ff.)
80) Peter Erler, a. a. O., S. 105, Fußnote 76
81) Ebenda, Fußnote 74
82) Die Sicherheit..., Bd. 2, a. a. O., S. 510f.
83) Ebenda, S. 513f.
84) Karli Coburger und Dieter Skiba: Die Untersuchungsorgane des MfS (HA IX im MfS/Abt. IX der BV). In: Die Sicherheit, Bd. 2, a. a. O., S. 426
85) Die Sicherheit..., Bd. 2, a. a. O., S. 430f.
86) Ebenda, S. 447
87) Ebenda ,S. 433
88) Ebenda, S. 517
89) Historiker rehabilitiert NS-Verbrecher. In: Der Spiegel, 23. August 2004. Siehe auch die Vorgänge an der Gedenkstätte Münchner Platz in Dresden; Gerhard Lehmann: Was war und was ist. Die Mahn- und Gedenkstätte am Münchner Platz..., Berlin 2004
90) Der Stacheldraht; 3/2004, S. 4
91) Dresdner Neueste Nachrichten vom 6./7. 3. 2004

92) Meine Recherche ist abgedruckt in: RotFuchs; Juli 2004
93) Horch und Guck, 2/1997, S. 49f.
94) Bardo Fassbender: Die souveräne Gleichheit der Staaten – ein angefochtenes Grundprinzip des Völkerrechts. In: Aus Politik und Zeitgeschichte, B. 43/2004, S. 8
95) „junge Welt" vom 28. 10. 2004
96) Klaus Marxen / Gerhard Werle: Die strafrechtliche Aufarbeitung von DDR-Unrecht. Eine Bilanz. Berlin und New York 1999, S. 198ff.
97) Richard von Weizsäcker: Die deutsche Geschichte geht weiter, Berlin 1983

Inhalt

Vorweg (Klaus Huhn) 3

»Ihr sollt nicht ungleich handeln
im Gericht, mit der Elle,
mit Gewicht, mit Maß« 13

1. »Das objektive Bild der Geschichte ist immer
die Summe der Lügen, auf die man sich nach
30 Jahren geeinigt hat." (Napoleon)
*Das Projekt Gedenkstätte Hohenschönhausen
als Teil neudeutscher
Gedenkstätten(un)kultur* 25

2. »Wo kämen wir hin in unserem Land, wenn eine
kommunistische Vergangenheit zu einem
unauslöschlichen und unaufhebbaren Stigma
führen würde?"(Egon Bahr)
*PDS-Politiker in der
selbstgestellten »Stalinismus« Falle* 36

3. »Die Menschen wollen Aufklärung..."
(Richard von Weizsäcker)
*Hohenschönhausen –
die „deutsche Lubjanka"?* 43

4. »Wo aber ein Aas ist, da sammeln
sich die Geier" (Matth. 24.28)
»Land der Träume« oder »Stasiland«? 52

5. »Darfst Du dem Ochsen, der da drischt, das Maul verbinden?« (5. Buch Mose 25.4)
»Stasi-Forschung gleicht mehr und mehr einem absurden Theater.« 55

6. »Du sollst nicht falsch Zeugnis reden wider Deinen Nächsten!« (Das achte Gebot)
»Birthler prüft die Berliner Lehrpläne.«.............71

7. »Und allzu straff gespannt, zerspringt der Bogen« (Friedrich Schiller)
Bildungsarbeit am »authentischen Ort«............77

8. »Das Recht wohnet beim Überwältiger, und die Schranken unserer Kraft sind unsere Gesetze« (Friedrich Schiller)
»›Unschuldige‹ unter oftmals unmenschlichen Haftbedingungen?«............... 88

9. »Wes Brot ich esse, des Lied ich singe« (Deutsches Sprichwort)
Über die Legenden von der »Strahlenkanone«, die Arbeitslager und den »psychischen Terror« 98

10. »Das eben ist der Fluch der bösen Tat, dass sie fortwährend Böses muss gebären« (Friedrich Schiller)
Bubenstück um den »Grotewohl-Express« ... 109

11. »Wer Wind sät, wird Sturm ernten" (Hosea 8.7)
Überlegungen zur Bilanz verfehlter Gedenkstättenpolitik 116